"十二五"国家重点出版规划项目

装备综合保障工程理论与技术丛书

装备作战单元保障方案
综合评估方法

张　柳　杨　军　于永利　著

国防工业出版社

·北京·

图书在版编目(CIP)数据

装备作战单元保障方案综合评估方法/张柳,杨军,于永利
著.—北京:国防工业出版社,2015.11
(装备综合保障工程理论与技术丛书/于永利主编)
ISBN 978-7-118-10642-8

Ⅰ.①装… Ⅱ.①张…②杨…③于… Ⅲ.①武器
装备—军需保障 Ⅳ.①E237

中国版本图书馆 CIP 数据核字(2015)第 288653 号

※

*国防工业出版社*出版发行

(北京市海淀区紫竹院南路 23 号 邮政编码 100048)
三河市众誉天成印务有限公司印刷
新华书店经售
*
开本 710×1000 1/16 印张 10½ 字数 152 千字
2015 年 11 月第 1 版第 1 次印刷 印数 1—2000 册 定价 40.00 元

(本书如有印装错误,我社负责调换)

国防书店:(010)88540777 发行邮购:(010)88540776
发行传真:(010)88540755 发行业务:(010)88540717

序

　　21 世纪以来,世界范围内科学技术革命的崛起,信息技术飞速发展并在军事领域广泛应用,有力地冲击着军事领域变革,战争形态逐渐由机械化战争向信息化战争演变,同时对装备保障能力产生的基本形态产生了深刻影响。认真落实习主席"能打仗、打胜仗"指示要求,着眼打赢未来基于信息系统体系作战,我军装备将逐渐形成以军事信息系统为支撑、以四代装备为骨干、以三代装备为主体的装备体系格局。信息化作战需要信息化保障,体系化对抗需要体系化保障。我军装备保障面临着从机械化保障向信息化保障、从单一装备保障向装备体系保障、从线性逐级保障向立体精确保障、从符合性考核向贴近实战考核转变等严峻挑战,未来信息化作战进程中的装备保障实践,对系统科学的装备保障基础理论与方法,提出了时不我待的紧迫要求。

　　伴随着军事技术和作战形态的发展要求,装备保障理论与技术不断创新发展。针对装备保障的系统研究,在国外始于 20 世纪 40 年代中后期,特别是 20世纪 90 年代以来,随着"聚焦保障""基于性能的保障"等新的理念提出,以及相关工程实践的不断深化,装备保障工程在装备全寿命过程中的基础性、全局性的战略地位和作用得到了进一步强化。我国从 20 世纪 70 年代末开始引进、消化、吸收外军装备保障先进理念,运用系统科学思想研究装备保障问题,并在装备型号论证研制以及装备保障能力建设工作中不断应用,取得了大量的理论与实践研究成果,极大地推动了装备保障工程发展。经过 40 多年的研究与实践,装备保障工程在我军装备建设和军事斗争准备中的地位和作用不断升华,已经成为装备保障能力建设的基石,正在深刻地影响着装备保障能力和作战能力的形成与发展。装备保障工程既是型号装备建设的基础性工程,也是装备成系统成建制形成作战保障能力建设的通用性工程,还是作战进程中装备保障实施的重要技术支撑。

装备保障工程是应用系统科学研究解决装备保障问题的学科和技术,是研究装备全寿命过程中战备完好与任务持续能力形成与不断提高的工程技术。它运用系统科学与系统工程的理论和方法,从系统的整体性及其同外界环境的辩证关系出发,分析研究装备使用、装备保障特性与装备保障系统之间的相互作用机理,装备保障特性、保障系统的形成与演化规律,以及相关的理论与方法,并运用这些机理与规律、理论与方法,通过一系列相关的工程技术与指挥管理活动,实现装备的战备完好性与任务持续性以及保障费用与保障规模要求。装备保障工程技术包括装备保障特性工程、装备保障系统和装备保障特性与保障系统综合等技术。

为了积极适应未来信息化作战对装备保障提出的要求,我们组织人员对军械工程学院维修工程研究所十余年来在装备保障工程领域的科研成果进行了系统的总结,形成了装备保障工程系列丛书(共22本,其中有16本列入"十二五"国家重点出版规划项目),旨在为装备型号论证研制以及部队面向实战装备保障与运用提供理论和技术支撑。

整套丛书分为基础部分、面向型号论证研制关键技术部分和面向部队作战训练关键技术部分。

基础部分,主要从装备保障的哲学指导、装备保障作用机理以及装备保障模型体系等方面,构建完善的装备保障工程基础理论,打牢装备保障工程技术持续发展的基础,包括《装备保障论》《装备保障工程基础理论与方法》《装备保障工程技术型谱》《装备综合保障工程综合数据环境建模与控制》《装备保障系统基础理论与方法》《装备使用任务模型与建模方法》和《装备作战单元维修保障任务模型与建模方法》。

面向型号论证研制关键技术部分,主要从装备保障的视角出发,解决装备论证、研制过程中保障特性与保障系统规划、权衡和试验验证等问题,包括《装备保障体系论证技术》《型号装备保障系统规划技术》《型号装备保障特性与保障系统权衡技术》《型号装备保障特性试验验证技术》和《现役装备保障特性评估技术》。

面向部队作战训练关键技术部分,主要面向部队作战训练从维修保障需求确定、维修保障方案制定、维修保障方案评价和维修保障力量动态运用等方面构建完善的技术方法体系,为面向实战的装备保障提供方法手段,包括《装备作战单元维修保障要求确定技术》《装备作战单元维修保障力量编配技术》《装备作战单元维修保障资源预测技术》《装备作战单元维修保障建模与仿真》《装备作战单元维修保障能力评估方法》《装备作战单元维修保障力量运用》《装备作战单元保障方案综合评估方法》《基于保障特性的装备需求量预测方法》《多品种维修器材库存决策优化技术》和《面向任务的维修单元专业设置优化技术》。

　　着眼装备建设和军事斗争准备迫切需求,同时考虑到相关研究工作的成熟性,本丛书率先推出基础部分和面向部队作战训练关键技术部分的主要书目,今后随着研究工作和工程实践的不断深入,将陆续推出面向型号论证研制关键技术部分。

　　装备保障工程是一门刚刚兴起的新兴学科,其基础理论、技术方法以及工程实践的开展远没有达到十分成熟的阶段,这也给丛书的编著带来了很大的困难。由于编著人员水平有限,这套丛书不可避免会有很多不妥之处,还望读者不吝赐教。

丛书编委会

2015 年 11 月

前　言

随着现代战争装备体系作战对保障的依赖程度愈重,对部队装备保障方案的评价重视程度越来越高,装备保障方案制定的优劣评价与改进成为实施部队精确化保障的一项重要手段。在这种背景下,军械工程学院课题组以"十五"以来本单位在装备保障方案分析与评价方面的研究成果为基础撰写了本书。

本书在对装备作战单元保障方案评价领域研究现状分析的基础上,基于此围绕装备保障方案评价的问题展开深入研究。通过对装备保障方案评价问题进行分析与规划,提出了战术级装备保障方案评价的研究框架与关键技术,分别面向装备保障方案的完整性、合理性和有效性,构建了装备保障方案的参数体系,提出了基于定性、定量及定性定量综合的评价方法;建立了装备保障方案综合评价系统的评价流程及基于流程的通用模型(含流程模型、组织模型、资源模型、信息模型),进行了综合评价系统的设计构建,为实现装备保障方案的综合评价提供了技术支撑。

本书由张柳教授(第 2 章、第 3 章、第 4 章)、杨军副教授(第 5 章、第 7 章)、于永利教授(第 6 章)共同撰写,杨英杰博士、绳慧硕士、盛飞硕士、付勃硕士参与了本书的部分工作,张柳教授负责全书的统稿、校对与修改。

在本书的撰写过程中得到了聂成龙副主任、王毅刚副主任的大力支持,并提出了许多宝贵意见,对此深表感谢。

由于编者水平有限,书中缺点和错误在所难免,恳请读者批评指正。

作 者
2015 年 10 月

目　　录

第1章 绪 论

1.1 目的与意义

目前,贴近实战的部队演习与训练任务越来越重,对保障的要求越来越高,从而引发了部队对装备保障方案制定水平的关注以及评价的需求。这是因为装备保障方案和装备保障计划是对装备保障系统的详细说明,是开展装备保障工作和装备保障系统建设的重要依据和支撑。显然,装备方案的优劣直接决定了能否顺利开展装备保障工作以及装备保障系统的好坏。科学合理的装备保障方案和装备保障计划,不仅是部队实施"精确化"保障的重要基础,也是部队在信息化条件下实现"能打仗,打胜仗"的重要保证。

保障方案评价是一个十分复杂的问题。一是结构层次上比较复杂。装备保障方案是服务于作战的,作战单元的层次性,决定了装备保障方案的层次性。不同层次的保障方案,其评价特点也不相同。二是内容繁杂,要素多元。装备保障方案中涉及到保障的组织指挥、维修保障、器材保障、弹药保障、运输保障等多个领域。不同的评价内容,涉及不同的的专业知识,各专业的侧重点的差异,导致对装备保障方案进行评价时,采用的评价方式方法各不相同,手段也多种多样。三是保障方案评价中包含不同类型的评价问题,有定性的,也有定量的,还有二者综合的评价问题,由此涉及大量的数据信息、多样的评价方法和各种类型的模型。如何对数据、方法与模型进行有效的集成,以满足各级保障方案的评价需求,是目前装备保障方案评价工作中的难题。

从目前对装备保障方案评价的研究情况来看,直接针对装备保障方案进行评价的研究比较少,面向保障系统要素的内容进行评价研究的则比较多,且多侧重于能力和效能的评价,例如,对维修保障能力的评价,对器材保障效能的评价等。从对装备保障方案整体进行评价研究的情况来看,缺乏系统的

1

规划,参数体系纷繁多样,评价方法也各不相同。因此,如何采用科学、有效的方法和手段对装备保障方案进行评价,是当前装备保障方案评价研究需要解决的问题。

因此,本书以战术级装备保障方案为研究对象,深入分析研究装备保障方案评价问题域,构建装备保障方案评价体系,设计装备保障方案的评价方法,为部队装备机关进行装备保障方案权衡和决策提供方法和手段,为实现装备保障"精确化"的目标奠定基础。

1.2 装备保障方案及其评价的基本概念

1.2.1 装备保障方案定义

装备保障方案是对装备保障系统的一个概要说明。它是部队装备机关业务管理工作中的一项重要内容。在部队管理过程中,时常还会用到装备保障计划和装备战备方案等词汇。这些词汇之间容易出现混淆,为此这里首先介绍这些词汇的概念及其相互之间的关系。

1.2.1.1 装备保障系统

装备保障系统是指军队各级装备保障人员、保障机构,利用各种保障装备、设施、设备、信息等各种保障资源,为实现对武器装备的保障任务而在一定的保障环境中相互联系、相互作用,形成的有机整体。

装备保障活动的内容包括:组织实施参战武器装备的检查、检测、维护、保养,使参战各军兵种武器装备处于良好的状态,正常发挥其战术技术性能。与此同时,装备保障机构还需要组织对战场损伤(简称战损)的武器装备的抢救、修理,使受损的武器装备得以"再生",迅速恢复其战术技术性能。归纳起来,战时装备保障系统的基本功能通常包括以下一些内容。

(1)维护修理。对参战的武器装备进行维护、保养,对故障或损伤的武器装备进行抢救、修理,使各军兵种武器装备处于规定可用状态,满足作战需求。

(2)供应保障。根据作战规模、作战环境与作战样式等因素,筹措、储备与供应所需要的各种武器装备,同时,还需要筹措、储备与供应相对应的物资、器材、设备等,满足作战与维修的需求。

（3）组织指挥。战时装备保障力量构成种类多、关系复杂,只有对其实施科学、正确的保障指挥,才能实现各军兵种装备保障力量的最优化结合,形成整体的装备保障能力。

（4）安全防卫。组织自身各种防卫力量进行警戒、防御等行动,抗击敌方的打击破坏活动,保障装备、物资、器材、设备等的安全,为完成装备保障任务提供条件。

1.2.1.2　装备保障计划

GJB/Z 151—2007《装备保障方案和装备保障计划编制指南》对装备保障方案和装备保障计划（Equipment Support Plan）的定义为:"装备保障方案是对装备保障系统完整的总体描述;装备保障计划是装备保障方案的详细说明。"

《装备保障性工程与管理》对装备保障方案和装备保障计划的定义为:"装备保障方案是装备保障系统完整的系统级说明;装备保障计划是比装备保障方案更为详细的装备保障系统的说明。"

《可靠性·维修性·保障性概论》对装备保障方案和装备保障计划的定义为:"装备保障方案是装备保障系统完整的总体说明;装备保障计划是比装备保障方案更为详细的装备保障系统的说明。"

《装备保障学》对装备保障计划的定义为:"装备保障计划是指导和调节装备保障的行动方案,是体现装备指挥员的保障决心,对装备保障工作做出的具体设想和安排,为组织实施装备保障提供基本依据和检查标准的综合文书。"

从目前装备保障方案和装备保障计划的概念来看,存在两种观点:一是认为二者是既相互联系又相互区别的,是从不同层次对装备保障系统进行的描述;二是认为装备保障计划就是装备保障方案。例如,有的文献认为计划也是一种保障方案,既体现保障决心,也就是保障工作的指导思想,又包含保障行动的具体设想与安排。二者都是对保障行动的设计与安排,实质上也是对装备保障系统的描述。

无论是将装备保障方案和装备保障计划看作两个不同概念,还是认为装备保障计划就是一种装备保障方案,在本质上二者都是对装备保障系统的描述,只不过前者偏向于对装备保障行动的指导上,而后者则侧重于对装备保障行动具体的操作执行上。

1.2.1.3　装备战备方案

《军事装备学》对装备战备方案的定义为:"装备战备方案是指各级装备部门为应付可能发生的战争和军事突发时间而拟制的各种保障计划和行动预案。"

《部队装备管理概论》对装备战备方案的定义为:"装备战备方案是平时为转入战时的装备活动所拟制的各种保障计划的统称,是合成军队战备方案的组成部分。"

装备战备方案是装备部门组织实施装备战备行动的重要依据,是部队战备方案的重要组成部分,它分为装备战备计划和装备战备行动方案。装备战备计划是装备部门根据部队可能的战备行动而制定的装备保障计划;装备战备行动方案是装备部门根据部队可能的战备行动而制定的本级机关和装备保障部(分)队的行动方案。它是装备部门转入战时后指挥本级机关及所属分队行动的文件。装备战备行动方案通常包括部队扩编时的装备保障计划、防止敌人突然袭击时,疏散转移计划、部队机动时的保障计划、装备物资后留计划,以及上述各项工作中的人员编组与分工计划、警卫与装卸组织计划等。

1.2.1.4　装备保障方案

在 GJB/Z 151—2007《装备保障方案和装备保障计划编制指南》《装备保障性工程与管理》和《可靠性·维修性·保障性概论》中关于装备保障方案的定义比较统一,一致认为"装备保障方案是装备保障系统完整的总体说明",同时一致认为装备保障计划是对装备保障方案更细致的描述。而《装备保障学》中认为装备保障计划是装备保障的行动方案,也就是说,装备保障计划是装备保障方案的具体设想与安排。

为了研究方便,本书中将装备保障方案和装备保障计划统统纳入装备保障方案的研究范围。这样一来,在后面研究装备保障方案问题时,既包括装备保障活动的总体描述研究,又包括装备保障行动具体执行研究。本书中装备保障方案的内容包含两部分:一部分为装备保障工作的总体描述,是对装备保障的保障原则、保障要求等的阐述;另一部分为对装备保障具体行动的规划,即装备保障工作的执行计划。

1. 装备保障方案的组成内容

不同级别装备保障方案虽然不同,但在组成内容上都存在着很多的共同点。

在组成形式上,包括:份号、密级、名称、地图比例尺、地图版号、内容、附件、拟制单位、作战时间、天文时间、主题词、抄送单位、承办单位、印制份数等。

在组成内容上,包括以下部分。

(1)对装备保障指导部分,主要包括了保障原则、保障要求和主要采取的保障方式等。

(2)对装备保障行动指导部分,主要是对维修保障、弹药保障、器材保障、通信保障、防卫保障内容的规定等。

(3)对装备保障执行行动的描述部分,主要体现在装备保障方案的附件,即装备保障计划部分。

目前,部队常用两种装备保障行动计划分类方式:一是按照业务归口部门划分装备保障行动计划,分为军械装备保障计划、装甲装备保障计划、工化装备保障计划、车辆装备保障计划等;二是按照保障业务行动的内容划分装备保障行动计划,分为维修保障计划、器材保障计划、通信保障计划、弹药保障计划等。但是,不管采取那种分类方式,在内容上都是对装备保障行动的设计与规划。

由于各部队的业务归口部门设置存在着差异,不利于装备保障方案执行计划的统一。因此,按照保障业务活动将装备保障方案执行计划分为装备保障力量部署计划、装备通信保障计划、装备防卫保障计划、装备维修保障计划、装备器材保障计划、装备(设备)供应保障计划、弹药保障计划以及运力保障计划等。

2. 装备保障方案的组成形式

根据《装备机关工作指南》可知,装备保障方案的组成形式如下。

1)组织指挥计划

(1)装备保障力量部署方案,包括部署形式、区分编组(编成)、各保障机构的配置位置和开设时间等。

(2)防卫保障计划,包括防卫区的划分、编成、防卫兵力部署及任务、防卫措施等。

（3）通信保障计划,包括通信方式、人员及器材编成、通信任务等。

2）各专业保障计划

（1）配置,包括上级、下级和本级各种保障机构的配置位置及开设时间。

（2）保障关系,包括配属部(分)队和地方支前力量的保障关系、配属的兵种部(分)队专用装备、器材和通用装备、器材的保障关系、本级向下加强部(分)队的保障关系等。

（3）各种保障机构编成、配置位置及保障任务区分。

（4）装备修理保障任务和修理能力,包括军械、装甲、车辆、工化装备修理保障任务和修理能力的计算。

（5）弹药保障,包括加大储备和消耗限额的区分、战前补充顺序和计划、预备弹药的建立、战中补充的方法、对执行特殊作战任务部(分)队的保障、弹药管理的规定、弹药库防卫的安排和组织实施等。

（6）保障措施,包括战前、战中、战后的各种保障措施与方法。

（7）人员的组织分工与训练。

（8）其他,包括对无法修复装备的后送或前接、运力保障、统计报告制度、信(记)号的规定、战场遗留和缴获装备物资的搜集、利用和处理、各项储备工作完成的时限等。

3）装备保障计划表

装备保障方案表格通常以附表的形式出现,装备保障计划表主要有以下几种。

（1）弹药保障计划表。

（2）运力申请计划表。

（3）弹药消耗限额和加大储备区分表。

（4）弹药分运计划表。

（5）装备修理计划表。

（6）装备维修器材保障计划表等。

1.2.2 装备保障方案评价定义

评价是对人或事物的价值、作用地位做出判断的过程,并按照一定的标准,给予评价的人或事物判断结果。装备保障方案的评价具有复杂性、动态性、模糊性,需要借助长期保障工作实践积累的经验,将感性认识上升为科学的、量化的描述。因此,本书将装备保障方案评价定义为:根据部队装备保障工作建设的目标和原则,以提高部队实际装备保障质量为标准;根据装备保障方案的特点,在充分利用装备保障方案评价信息的基础上,采用科学的评价方法和手段,对装备保障方案优劣进行判断。

装备保障方案评价是部队装备保障工作中十分重要的部分,它具有指导部队装备保障工作建设的作用,通过装备保障方案评价信息的反馈,实现对部队装备保障工作的调控,以实现预期的效果。装备保障方案评价作为对部队装备保障实施效果优劣评判的重要手段,不仅能够判断部队装备保障工作是否满足需求,还能促进部队装备保障工作更好的发展。

1.3 装备保障方案评价的研究现状

1.3.1 概述

从目前检索到的文献来看,缺乏直接针对保障方案评价的研究,但是围绕保障能力评价和保障资源评价方面的文献资料很多。

国外开展保障能力评估工作较早,从 20 世纪 50 年代起,美军即开始明确保障能力评估的工作要求。20 世纪 80 年代,美国又将基于仿真的采办写入指令性文件中,明确了仿真评估结果可直接作为决策依据。进入 21 世纪后,外军对保障能力的重视程度日益增高。从目前的资料来看,外军开展保障能力评估的做法主要有四个方面:一是组建专门负责保障能力评估的部门;二是建立保障能力评估的软/硬件环境;三是以能力评估为核心促进保障系统建设;四是综合运用多种评估手段。这些做法,对保障能力评估工作地开展起到了极大地推动作用。

在保障能力评估方法方面,建立了行业认可的评估模型,对于定量评价模型和仿真评价模型,开发了大量的覆盖多个层面的评估系统,技术较为成熟,尤其是仿真评估系统的模型精准度较高,经历过实战的检验。

但是,并不是所有的评估模型都能够直接从文献检索到,甚至大部分评估模型需要从与后勤保障评估有关的系统中获取。例如,美国陆军后勤评估 (ALA)系统可对陆军未来军事能力评估并对满足作战要求的保障预测;武器系统的信息管理系统(WSMIS)则是通过确定后勤保障资源评估空军武器系统的准备状态和维持能力;陆军作战准备状态分析(OMNIBUS)系统用于评估支持国防指南演习计划的军队征集、展开、投入战斗和维持的能力;基准范围(Base-line Area)评估系统可评估海军在战时状态下按时把后勤保障物资运送给作战部队的能力,并评估按后勤供给程序把军事物资从仓库运送到战场的能力等,从这些系统中均可发现与保障相关的评价模型。还有一些典型的保障仿真评估系统,例如美军的 LCOM、WLTAE、TOPSAM 系统和瑞典的 OPUS10、SIMLOX 系统等,这些系统中包含了与保障相关的仿真评估模型,且这些仿真模型经过多年的检验,比较完善。另外,为了更好地满足用户需求,还研发了支持仿真系统的动态重构和仿真框架的自动生成的相关技术和软件,其中比较典型的商用软件就是 SEQUOIA SIMBUILDER – HLA 仿真集成开发环境。

分析国内的文献资料可以看出,目前国内与保障方案评价紧密相关的研究主要体现在两个方面:一是围绕保障能力的综合评估;二是围绕保障要素进行的评估预测。

在保障能力的综合评估方面,国内目前主要采用了层次分析(AHP)法、熵理论、模糊综合评价(FEA)法、人工神经网络法、德尔菲法(Delphi)和仿真方法,以及这些方法的综合应用。在这些方法中,既有定性方法,也有定量方法,以及定性定量相结合的方法。不同方法之间的相互组合,可用于评估不同的能力参数。例如,AHP 法与 BP 神经网络法相结合可评估装备使用可用度和系统效能。熵理论与模糊综合评价法相结合可对多个方案进行优选评估。

在保障要素评估方面,评估维修保障能力主要采用了模糊综合评价法、多属性评估方法、支持向量机法和仿真评估方法等。评估器材保障能力主要采用了模糊综合评价法、BP 神经网络法和优劣解距离法(TOPSIS)等。对保障资源配置优化主要采用了 Rough 集理论、数据包络分析法、遗传算法和 Petri 网等。对保障指挥系统效能评估主要采用了模糊综合评价法、人工神经网络法、熵理论、灰色关联分析法和计算机仿真方法等。对弹药保障能力评估主要采用了模糊综合评价法、运筹学方法、TOPSIS 法等。对防卫和通信保障效能评估主要采用了人工神经网络法、变权理论和 ADC 法等。

1.3.2 围绕保障能力的评价方法研究现状

1. 层次分析法

目前,文献中单独采用 AHP 法评价保障方案的较少,常见的是采用 AHP 法与其他方法相结合的综合评价方法。

在与 BP 神经网络法相结合方面:有的文献将 AHP 法确定影响因素指标的权重,作为神经网络初始权值,评估了使用可用度等综合指标,对于提高单装保障性综合指标计算的准确性探索了一种方法。有的文献应用 AHP 法和 BP 神经网络法对空军通信导航装备维修保障系统进行了效能的评估。在与模糊综合评价法相结合方面,有的文献提出了具有业绩评估和保障潜力评估因素的保障能力评估指标体系。有的文献针对工程装备综合利用 AHP 法和多级模糊综合评价法建立了相应的评价模型。在与集对分析方法相结合方面,有的文献用 AHP 法确定了评价指标权重,进而建立了合理的战时车辆装备保障方案评价指标体系。有的文献对各项评价指标值与相应权重系数线性叠加,构建了车辆装备保障方案评价模型。在与灰色系统理论相结合方面,有的文献利用 AHP 法确定了各指标权重,构建了基于灰色关联度分析的航空装备维修保障灰色综合评价模型。有的文献用 AHP 法确定因素指标权重,用灰色关联度分析法建立方案的决策矩阵。

2. 熵理论

熵理论的应用类似于 AHP 法,经常用于确定权重。单独使用熵权法的文献也不多见,常见的是采用熵理论与其他方法相结合的综合评价方法。

单独采用熵理论方面:有的文献采用熵理论对师装备保障力量层次设置的组织结构有序度进行客观评价,用时效熵和质量熵分别对师装备保障力量层次设置组织结构中信息流通的时效性和质量性进行度量,为师装备保障力量层次设置模式的选择提供依据。在模糊综合评价法相结合方面,有的文献提出了一种基于模糊熵的不确定区间属性评估方法,用于在大量不确定区间信息和只有判断矩阵情况下,对多个待评价指标的方案进行评估。通过不确定属性评价矩阵的熵权计算,对多个方案进行优选评估,得出最优方案。在与模糊综合评价相结合方面,有的文献针对雷达装备的保障能力评价问题,综合分析了影响它的各方面因素,建立了评估指标体系,采用熵权法改进

AHP 法,并结合灰色模糊综合法评判给出了综合评价模型。有的文献也运用熵权和模糊综合评判法对某型舰炮武器系统维修保障能力进行评估。在与 TOPSIS 方法相结合方面,有的文献采用熵理论确定各评价指标的权重系数,结合 TOPSIS 方法中双基点的概念,提出了一种基于双基点的复合物元评估方法。在对装备维修保障系统进行综合评价时,将几类保障系统作为物元事物,在确定理想物元和负理想物元的基础上,通过计算相对于双基点的关联度对评价对象进行排序。

3. 模糊综合评价法

目前,运用模糊综合评价法进行装备保障方案评价的问题,可以分为针对装备保障能力通用指标的评价问题和针对特定装备保障能力的评价问题。

在针对装备保障能力通用指标的评价问题方面:有的文献从影响维修保障系统动态效能的主要因素出发,利用熵权修正 AHP 法得到的效能指标权重,用模糊隶属函数确定模糊评估矩阵,对维修保障系统效能进行了综合评估。有的文献针对装备维修保障的特点,提出了装备维修保障能力评价指标体系,采用模糊综合评价法对维修保障能力进行初步评估。有的文献提出了一种由 AHP 法、灰色聚类分析、模糊评判综合集成的装备保障能力评估模型,该模型体现了装备保障能力评估的模糊性,充分利用了信息。在针对特定装备保障能力的评价问题方面:有的文献运用模糊理论建立了多级模糊层次综合评估模型,给出了导弹装备使用保障能力的量化评估方法。有的文献运用模糊综合评价法评价技术保障系统的效能,建立导弹武器装备技术保障系统效能评估的数学模型。有的文献运用模糊评判法建立了地面电子对抗装备技术保障系统效能评估的数学模型。有的文献探究了针对装甲装备基层级维修保障能力的模糊综合评价法与数据包络分析的综合分析方法的可行性及有效性。有的文献应用多级模糊综合评价解决军用飞机系统维修保障能力评估问题,对两型飞机实施其维修保障方案时维修保障系统的能力进行了评估。

4. 人工神经网络

目前,人工神经网络及其变形在保障方案评价领域已有广泛的应用,同样可以分为针对装备保障能力通用指标的评价问题和针对特定装备保障能力的评价问题。

在针对装备保障能力通用指标的评价问题方面:有的文献以使用可用度为

保障性综合指标,结合 AHP 法和 BP 神经网络法对装备保障能力进行了评价。有的文献也利用 BP 神经网络法对装备保障系统综合指标进行了评估。有的文献针对装备维修人员保障能力评估的复杂性和随机波动性,采用 BP 神经网络法构建了装备维修人员保障能力 BP 神经网络模型。有的文献构建了装备维修保障能力评估指标体系,设计了用于评估装备维修保障能力的神经网络模型,并利用 Matlab 仿真软件对结果进行了计算和分析。在针对特定装备保障能力的评价问题方面,有的文献建立了导弹武器系统保障资源评估模型,初步形成对装备保障资源各基本内容的评估。有的文献构建了航空装备维修保障信息化评估指标体系,设计了对其进行评估的 BP 神经网络模型。有的文献针对舰炮武器系统保障性评价问题,根据其保障性内涵,建立了舰炮武器系统的保障性评估模型,给出了研制阶段舰炮武器系统保障性定性与定量相结合的评估方法。

5. 德尔菲法

有的文献针对研制阶段的装备保障方案,提出保障系统及时性、有效性、部署性、通用性、经济性和可用性的 6 个系统特性,通过专家对这 6 个系统特性的设计项目评分评价保障方案,得到保障方案综合得分。有的文献针对装备保障方案多目标的特点,改进多属性群决策的方法,集合多位专家意见对方案进行评估。在计算过程中,利用熵值法对属性客观赋权,然后两次采用理想点法整合每位专家的意见信息求解多个装备保障方案的群体排序。

6. 计算机仿真方法

对于保障方案评价这个复杂问题,采用仿真方法能够更加全面地描述问题的影响因素。

有的文献研究了装备使用阶段的维修保障能力评估指标,建立了相应的多层次 PERT – Petri 网模型及其求解算法,设计了装备使用阶段维修保障能力评估软件系统。有的文献分析了 Molloy 形式的随机 Petri 网及其扩展模型,提出了基于改进型随机 Petri 网的装备维修保障过程建模方法,实现了某型导弹装备使用维修保障方案的评估与优化。有的文献建立了工程装备维修过程的 Petri 网评估模型,充分反映了装备维修能力与其影响因素之间的关系。有的文献确定了维修保障能力评估指标,组成了面向任务的维修保障能力评估多视图模型,基于 HLA 法开发了维修保障能力评估仿真联邦。有的文献对某型军用飞机的保障能力建立了仿真模型,将使用可用度 A_o、出动架次率(SGR)等指标评估系统的保障能力。有的文献运用仿真方法对船舶使用与维修保障能力评估进行了研究,采用设备本身与保障相关的基本属性,如 MTBF、MTTR 等,作为决定设备维修需求的要素控制仿真变量的输入。有的文献通过分析维修保障系统战场抢修逻辑流程,找出影响维修保障系统战时持续保障能力的关键因子,并在此基础上建立战时持续保障能力的评估模型。有的文献构建了对装备保障行动的仿真平台,实现了对战时装备保障效能真实客观、实时动态的评估。有的文献建立了战场装备维修保障过程仿真模型,提出了评估装备维修保障能力的指标,给出了某次战斗装备损坏与维修保障能力评估的示例。有的文献在分析地地战术导弹作战使用流程的基础上,建立了对地地战术导弹技术保障能力进行了仿真评估。

上述评价方法中应用最为广泛的当属模糊综合评价法,该方法能比较好的解决复杂系统多目标综合评价问题。此外,还有文献提出数据包络分析(DEA)法、主成分分析法、灰色系统理论、TOPSIS 法、支持向量机法和集对分析法,或新旧方法相结合解决装备保障方案的评估问题,但这些方法应用范围有限。

1.3.3 围绕保障要素的评价方法研究现状

评价保障方案时并不一定总是对整个方案进行评价,有时只关心方案的某一部分。例如,器材保障领域的人员可能只关心器材保障效能是否能够满足要求。因此,按照装备保障方案所包含的内容,分以下几个部分综述保障方案构成要素评价方法的现状,分别是维修保障、器材保障、保障资源配置、保障指挥、弹药保障和防卫通信保障。

1. 维修保障

从查阅的文献看,国内针对维修保障能力评价的方法主要有:模糊综合评价法、多属性评估方法、支持向量机法和仿真评估方法等。

装备系统维修保障能力评估往往包括模糊和灰色两种信息。国内学者应用模糊白化灰色关联模型等理论开展了装备系统保障能力评估研究。有的文献针对舰空武器系统维修保障能力评估问题,建立了维修保障能力评估指标体系,提出了对该指标体的多级模糊综合评价法。有的文献建立了车辆维修保障能力评估指标体系,运用模糊综合评价法建立了车辆维修保障能力评估模型。有的文献建立了军用飞机系统维修保障能力评估指标体系,对两型飞机实施其维修保障方案时维修保障系统的能力进行了评估。有的文献采用基于相似度的混合型多属性评估方法建立了汽车维修分队维修保障能力评估数学模型。有的文献提出了应用支持向量机对航空装备维修保障能力评估系统进行建模的方法。有的文献深入分析了维修保障能力评估中木桶现象引起的评估不精确问题,提出了运用变权理论解决装备维修保障能力精确评估决策问题的方法。上述评价方法都是面向装备系统评价其维修保障能力的,有的文献提出了基于 GOOPN 的面向任务的装备保障能力评估建模方法。

2. 器材保障

经查阅文献,器材保障能力评价中比较流行的方法有:模糊综合评价法、BP 神经网络法和优劣解距离法(TOPSIS)。

有的文献提出了基于模糊综合评价理论的资源点综合保障能力量化方法,构建了应急器材资源保障计划制定的优化数学模型。有的文献运用模糊数学与 AHP 法相结合的层次模糊综合评价法建立了维修器材保障能力的"因素—效果"评价体系。有的文献采用 AHP 法确定评价指标的权重,使用集对分析同一度的评价方法对不同保障条件下的车辆器材保障能力进行评价。有的文献提出了一种基于 BP 神经网络的装甲装备保障资源状况评估模型。有的文献采用 TOPSIS 法,以保障资源为评价指标,根据相对贴近度的大小做出各维修单位维修保障能力的优劣排序。有的文献采用 TOPSIS 法,根据贴近度的大小得出各车辆维修机构车辆器材保障能力的优劣次序。

3. 保障资源配置

经查阅文献发现,保障资源配置优化与评估的方法主要有:Rough 集理论、数据包络分析法、遗传算法和 Petri 网等。

有的文献建立了基于 Rough 集理论的车辆装备维修保障资源知识系统,运用属性简约方法和规则提取方法,给出了不同样式任务条件下的资源配置方案。有的文献提出了采用锥结构的资源配置双目标 DEA 模型,建立了炮兵装备维修资源优化配置模型。有的文献建立了装甲车辆分队战时保障预设阵地选址优化模型。利用遗传算法的寻优特性,提出了预设阵地的矩阵编码策略,通过遗传算子杂交、变异操作对模型进行求解。有的文献建立了导弹技术保障资源均衡优化模型,设计了遗传算法和优化程序对模型进行求解,并采用专门的修复算子对交叉和变异过程中产生的非法个体进行处理,对某导弹技术保障流程进行优化,使其资源配置更加合理。有的文献提供了一种建模与仿真的方法,实现对资源配置的定量研究。基于有色 Petri 网构建了维修保障资源配置的 CPN 模型,并利用 CPNTools 对模型进行仿真研究,对任务的执行时间,资源冲突,资源利用率,资源再分配等问题进行了分析。有的文献采用专家打分法建立了人员的能力绩效矩阵,提出基于能力的车辆装备保障人力资源优化配置方法,建立了优化模型。有的文献构建了装备维修人员保障能力指标体系和装备维修人员保障能力 BP 神经网络模型,应用于装备维修人员保障能力的分析研究。有的文献建立了装备人员保障能力评估指标体系,运用灰色熵权法确定了人员固有保障能力中各评估指标的权重,建立了保障人员对装备的实际保障能力评估模型。有的文献提出了面向任务的车辆装备维修能力评估方法。结合车辆装备维修作业的特点,应用排队论对面向任务的车辆装备维修能力评估进行建模,并在 Extend 仿真平台上进行实现。有的文献将现代人力资源管理中绩效管理理念引入人员保障能力的评估与预测中,提出装备技术保障人员有效保障能力的概念。建立了装备技术保障人员效能评估指标的三维空间,并应用变权综合法确定指标权重系数,建立装备技术保障人员有效保障能力的绩效评估模型。有的文献采用多层次模糊综合评价原理,提出了指标体系及其权重分配方法,构造了评估的比较判别矩阵,给出了其保障能力的一级评价模型和二级评价模型。有的文献从人力资源、物资资源、信息资源和维修管理四个方面,建立了车辆装备维修保障系统效能评估指标体系,在用熵值法确定权重的基础上,提出了基于可拓理论的车辆装备维修保障系统效能评估模型,定量对车辆装备维修保障系统效能进行了评估分级。

4. 保障指挥

从查阅的文献来看,国内针对保障指挥系统效能评估的方法主要有:模糊综合评价法、人工神经网络、熵理论、灰色关联分析法和计算机仿真方法。

有的文献运用 AHP 法和模糊综合评价法建立装备保障指挥系统效能综合评估模型。有的文献以遗传算法优化神经网络结构方式,提出了装备保障指挥系统的指挥效能评估指标体系。有的文献基于熵理论分析装备保障指挥体系组织结构对系统内信息流的影响,建立装备保障指挥体系组织结构的评估模型。有的文献采用灰色关联分析法对装备技术保障指挥效能预测性评估问题进行了分析和解决。有的文献定义了舰船装备保障计划,确立了计划优化的目标和能力评价的指标,构造了基地、工厂两层装备保障指挥员指挥决策仿真模型及其算法。

5. 弹药保障

经查阅文献,器材保障能力评价中的方法主要有:模糊综合评价法、运筹学方法、TOPSIS 法。

有的文献从流程柔性、流程成本、流程效率、信息传递能力、部队满意度和资源利用率 6 个方面构建了通用弹药供应保障业务流程评价指标体系,并对每个评价指标进行了量化分析和说明。有的文献针对坦克弹药保障中两种典型的决策问题,运用三种数学模型进行系统评估,根据排队模型计算得出的一些定量指标,提供了完成保障任务必须的车辆指派数量。有的文献利用 TOPSIS 法对弹药物流建立路径优化决策数学模型,构建规格化属性矩阵,分析评价路径的权重,通过计算相对贴近值得出路径的优化顺序。

6. 防卫通信保障

从查阅的文献来看,国内针对防卫和通信保障效能评估的方法主要有:人工神经网络法、变权理论和 ADC 法等。

防卫保障效能评估方面:有的文献采用遗传算法改进 BP 神经网络模型,分析了装备保障防护效能的评价的基本思路以及具体实施步骤,并运用其对野战仓库和装备的伪装效能进行评估。有的文献构建了野战指挥所伪装方案评估指标体系,以易评定或可测量因素作为评估指标,确定了集对分析评估模型。通信保障效能评估方面,有的文献运用模糊变权法求变化权重的方法分析了通信保障应注重提高的 6 种能力,并通过示例计算进行分析,为通信保障能力评估提供了一定的理论依据。有的文献选择 ADC 法对舰船通信系统的通信效能进行了分析,在设置相应参数的基础上进行计算。

1.4 本书的内容结构

本书从装备保障方案的评价问题出发,逐步分析了装备保障方案的定性评价方法、定量评价方法以及定性定量综合评价方法,在此基础上提出了装备保障方案综合研讨的概念模型与系统设计实现。全书分为 7 章,如图 1 - 1 所示。

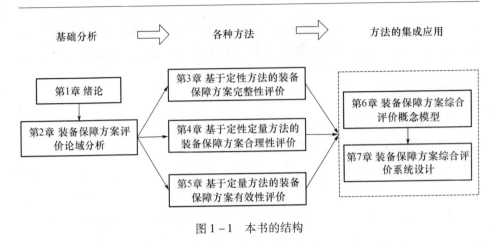

图 1-1　本书的结构

第 1 章绪论,是对装备保障方案及其评价的基本概念、评价的目的意义以及国内外研究现状的阐述。

第 2 章装备保障方案评价论域分析。本章在分析装备保障方案评价的特性和、一般流程以及装备保障方案评价的问题(包括评价对象、评价目标、评价方式等)的基础上,明确了装备保障方案评价研究框架,为后续的装备保障方案评价研究工作奠定了基础。

第 3 章基于定性方法的装备保障方案完整性评价。首先构建了装备保障方案完整性评价体系,然后针对完整性评价体系的特点,对现有的定性方法做适应性分析,并由此选择了德尔菲法和专家群决策方法进行完整性评价的应用。

第 4 章基于定性定量方法的装备保障方案合理性评价。首先构建了装备保障方案合理性评价体系,然后针对完合理性评价体系的特点,对现有的定性定量相结合的方法做适应性分析,并由此选择了模糊综合评判法进行合理性评价的应用。

第 5 章基于定量方法的装备保障方案有效性评价。首先构建了装备保障方案有效性性评价体系,然后针对完有效性评价体系的特点,对现有的定量相结合的方法做适应性分析,并由此选择了基于 HLA 的仿真法进行有效性性评价的应用。

第 6 章装备保障方案综合评价概念模型。在分析保障方案评价过程各阶段的逻辑关系的基础上,建立了保障方案评价各阶段的研讨流程模型、组织模型和资源模型,为装备保障方案综合研讨评价系统的设计与开发奠定基础。

第 7 章装备保障方案综合评价系统设计。通过对装备保障方案综合研讨评价系统的功能进行分析,设计综合研讨评价系统的体系结构、软件功能、硬件系统及界面设计。

第2章 装备保障方案评价论域分析

2.1 装备保障方案评价工作分析

2.1.1 过程分析

装备保障方案评价是一项复杂的工作,一般需要组织多名专家共同决策。在评价的过程中可能运用定性分析方法,或者定量分析方法,或者定性定量相结合的方法,也可能是基于研讨的多种方法的综合运用等。无论采用哪种形式开展装备保障方案评价工作,都有一套工作程序。该程序主要分为三个步骤。

1. 装备保障方案评价准备

成立装备保障方案评价组织机构,并在统一的规划下为保障方案分析评价进行准备,其主要工作包括:

(1)成立装备保障方案评价组织机构。主要任务是明确评价内容、评价方式以及各成员在评价工作中的分工和职责。

(2)协调评价专家。主要任务是筛选出符合条件的保障领域专家、联系专家、确定最终参与保障方案评价的专家名单。

(3)收集整理保障方案评价需要的资源和信息。主要任务是明确所评价的保障方案对应的作战想定、保障资源的约束,收集装备保障领域的文献资料、相似保障方案评价案例,根据保障方案评价的目的及专家的需求,整合相关的模型、数据、工具等。

(4)若必要,需要准备会议室,进行硬件设备的调试。对于召开研讨会议的会议室进行整体的布局,对会议相关的硬件设备,如计算机、投影设备、视音频设备、服务器等进行前期的维护和调试。

2. 装备保障方案评价实施

组织专家对装备保障方案的进行深入分析并提出建议。专家评价的方式

可以函审,也可以是会议研讨方式。下面针对会议研讨方式的群体决策过程进行描述,其主要工作包括:

(1)专家注册,开启保障方案评价会议。参与保障方案评价研讨的专家进行现场注册,评价组织机构开启会议,并向与会人员介绍本次装备保障方案评价会议的议程、人员分工及其他相关情况。

(2)组织专家对保障方案评价任务再确认。在装备保障方案评价研讨之前,进一步明确研讨条件,使专家对于评价背景、评价目标、装备现状等形成统一的了解,从而加深对评价任务和评价目的的认识。其中作战任务背景主要是了解部队的作战目的、主要作战方法、在上级编成内担负的作战任务和作战地位、配属部(分)队数量、作战对象及其配置、主要作战方向、开进路线、方向,以及完成作战准备的时限等;评价目标是保障方案评价的顶层约束,例如,保障方案是以考虑保障的时效性为主,还是以费用最低、人员伤亡最少为主;装备保障现状主要是现行保障体制,现有装备数质量状况,保障人员、弹药器材等物资储备的现状,维修保障能力、弹药保障能力和器材保障能力等装备保障能力的现状。

(3)分解评价任务,给专家分组。将一个保障方案评价任务分解为若干个评价子任务,每个子任务都可以按照各自的方式开展分析讨论,专家也分配到相应的评价子任务研讨小组中。然后,研讨小组成员研讨确定子任务的评价标准并选取合适的参数模型。在后续的评价工作中,如果装备保障评价子任务的分解不能满足评价工作需要,还可以由专家重新执行这一过程,即重新研讨确定评价任务的分解方式。

(4)实施研讨。正式展开评价子任务的研讨,专家按所在小组分别提出意见和建议。对于一致的意见或有相同倾向性的意见,可由专家直接确定研讨结论;若存在分歧的专家意见,需要在主持人的引导下,同时运用专家意见收敛算法,不断迭代收敛过程,使得专家意见逐步趋于统一。经过专家对评价子任务的研讨,得到关于评价子任务的定性描述意见和定量计算/仿真结果,形成评价意见。

(5)生成最终评价报告。对研讨专家发表的研讨意见进行综合归纳,撰写最终的装备保障方案评价意见报告。

(6)征求评价组织机构意见。将最终的评价意见提交给评价组织机构审核并征求意见。

（7）根据征求意见修改后提交评价结果。根据评价组织结构反馈的修改意见,再组织专家进行评价意见的修改,修改完成后将本次装备保障方案评价意见提交保障指挥决策机构。

3. 装备保障方案评价决策

形成与某一个作战方案相对应的装备保障方案优劣结果集,对评价的一个或多个保障方案形成一致的评价结果,方案的优劣结果集通过专家不断研讨、仿真、鉴定和完善的结果,代表专家的集体智慧。保障方案优劣结果集为决策者最终确定装备保障方案提供有力的依据。

2.1.2 功能分析

装备保障方案综合评价的总体功能是通过群体专家共同决策的方式对待评价的保障方案进行定性和定量分析,然后对定性分析、定量计算/仿真得到的结果进行分析和综合集成,最终获得对装备保障方案的综合评价结果。因此,主要功能包括以下内容。

1. 装备保障方案评价准备过程中的功能需求

（1）会议管理功能,可支持专家群体以会议方式进行群体决策。

（2）根据设定的条件从已有专家库中自动筛选出符合条件的专家信息,对拟参加保障方案评价的人员通过多种方式进行协调(如电子邮件群发、电话联系等)。

（3）分析评价所需要的各项资源的收集与检索功能,收集范围包括作战任务背景、装备信息、保障模型和工具等。

2. 装备保障方案评价实施过程中的功能需求

（1）对会议注册人员进行身份识别。

（2）支持与会人员通过多种方式进行交流,例如,电子白板、会话通信、文字聊天、视频会议等进行研讨。

（3）支持对会议进程和专家行为进行有效的控制。

（4）支持研讨意见的可视化。可视化的把查询检索和分析结果反映出来,同时提供多种统计结果的显示方式,如大屏幕显示、报表输出或图像输出等。

（5）支持及时、准确地获得所需要的资料、信息。信息的快速查询和检索功能,支持模型、方法及工具的调用,能够对研讨信息进行加工、汇总、统计分析。

（6）支持问题的定性分析和问题的定量计算/仿真,研讨过程中如有需要,专家可以直接调用模型、计算工具。

（7）支持专家自主地调用和共享的现有软件系统和工具等资源来验证和证实自己的见解和设想,以获得对想法可行性的认识。

（8）支持专家意见收敛功能。主持人通过系统的工具对各个专家的意见进行加权和信息聚类处理,形成统一的观点,然后将结果公布给参与研讨的专家,并由专家投票决定结果的合理性,从而形成专家群体经过收敛后的评价结果。

（9）支持专家研讨功能。在给出研讨项目时,专家以个人/小组为单位对研讨项目进行评价和分析,研讨秘书对专家意见收集整理,并将在这个过程中,并以数据的形式录入数据库中进行分析。

3. 装备保障方案评价决策过程中的功能需求

通过专家研讨中得到的装备保障方案评价结论进行分类、集成、存储,并产生完整的装备保障方案评价报告。

2.1.3　角色分析

装备保障方案评价角色分析的目的在于明确需要哪些人来参与和管理装备保障方案的评价工作,这些人以何种角色参与评价研讨任务,各种角色应该发挥什么样的作用。

参与评价工作的人员主要来自于装备机关人员,其中包括:①机关领导、机关主管参谋等;②装备保障科研院所中具有一定权威的保障领域专家,如弹药保障的专家、维修保障的专家、器材保障的专家等;③各装备保障结构的各专业保障人员,其中包括从事装备的使用、维修与管理工作的各保障专业技术人员;④军队企业化工厂的装备保障人员;⑤其他相关人员。

角色就是赋予某种职责的一类人员的统称,据此将参与装备保障方案评价的人员的角色划分为两层结构,分别为决策层和专家层。以陆军为例,在按专业进行保障方案评价时,可由军械、装甲、车辆、工化等部门及相关领域专家参与。评价过程中,装备部首长或战技部门人员处于决策层,相关领域专家处于专家层。

2.1.4 资源分析

装备保障方案评价需要多方面的资源,包括信息资源、分析工具、必要的计算机软/硬件平台和必要的人力资源等。

1. 需求信息

(1)作战想定及装备使用任务信息。作战想定信息是进行保障方案评价的前提,包括敌方威胁信息、在上级编成内担负的作战任务和作战地位、配属部(分)队数量、主要作战方向、开进路线、方向,以及完成作战准备的时限等。

(2)保障对象信息。包括在编装备的数量、装备完好情况、装备可靠性、维修性指标、战损预计、装备维修任务分类、维修等级划分等。

(3)保障系统基础信息。包括现有保障力量的编成、人员数量、专业、技术等级、保障设备、设施、器材、弹药、运输等信息,主要是各业务部门对本级保障部门现有的装备保障力量以及作战装备进行统计和分析信息。

(4)相关知识及资料。包括弹药携行基数标准、武器器材修理标准工时等信息及战役战术原则、武器使用规则、维修原则等知识。

(5)相似保障方案。相似保障方案指为完成相似保障任务要求而制定的装备保障方案,以此作为保障方案评价的参考。

2. 评价方法与模型

(1)保障需求计算工具。保障需求的确定是保障方案制定和评价的基础和前提。必须依据装备的使用任务,装备可靠性维修性指标等,科学预测装备可能产生的保障任务、任务要求和资源需求。具体可细化为:保障要求转换模型、维修任务预计模型、弹药需求量模型、人力人员需求计算模型、器材备件需求计算模型等。

这些模型在保障方案制定时也会采用,但评价时必须进行保障需求的核查,所以也需要这些模型工具的辅助。

(2)保障能力、效能预计工具。主要包括维修工时的静态估算模型和基于过程仿真的维修效果评价方法等。维修工时的静态估算模型可计算保障系统可提供的总工时数,以此与维修任务需求的工时数进行对比。基于过程仿真的维修效果评价方法可反映完成任务的动态过程,以最终的维修任务完成数量、装备完成率等指标进行维修保障效果的最终评价。

（3）综合评价方法模型。目前,国内外建立的综合评价方法有数百种之多,随着不同知识领域的相互融合和交叉,综合评价的新的思路和方法不断出现。依据各种评价方法的属性特征、适用范围、结论的客测度性和可组合性,可以分为三个层次:一是具有相同属性的综合评价方法,主要有多属性决策方法、统计分析方法、智能化评价方法、信息论方法、灰色综合评价方法、模糊综合评价法等;二是具有特殊属性的综合评价方法,主要有专家会议法、系统工程方法、物元分析等;三是基于方法论层次的综合评价方法,主要包括物理—事理—人理（WSR）系统方法论、动态评价方法论等。不同评价方法的应用范围和领域不同,在装备保障方案的评价过程中根据各自的优缺点应用于不同的评价对象。

3. 软/硬件平台

软/硬件平台是进行保障方案模型工具运行的基础平台,主要包括所需最基本的计算机硬件和相关操作系统、网络平台以及数据库等软件系统。

2.2　装备保障方案评价特点

装备保障方案类型多样、构成要素多元,层次关系复杂,随战场态势变化频繁,相应的保障方案的评价具有以下特点。

1. 评价内容复杂、不定

无论按照哪种标准划分所形成的保障方案都具有多种类型,每种类型都具有各自不同的特点。再结合保障方案所属的作战单元层次,形成了评价对象层次的多样性。例如,团以下保障力量以伴随保障为主;师/旅级作战单元保障方案的制定则既要考虑各下属作战单元的伴随保障的特点,又要考虑本级直属力量对下级的支援。保障方案的类型不同,特点不一,评价的关注点也就不同。评价内容既复杂多样,又随评价对象的不同表现出不确定性和动态性。

2. 评价标准模糊、多样

保障方案的制定需要多种类型的专业人员密切合作进行,人员的素质、经验对方案的质量起到了决定作用。而个人经验往往只能意会不可言表,是难以量化的。因此,评价中往往采用"好,不好,不太好""适合,较不适合,很不适合"等模糊标准。另外,由于评价对象的多样,关注点各有侧重,不同的保障方案评价参数的选取也存在差异。

3. 评价方式的多维化

为了使评价结果达到良好效果,可以从多个角度对方案进行评价。既可以依据装备保障方案的结构化描述,评价方案要素的完整性;也可以这对装备保障方案的文本描述,评价静态方案的可行性。例如,是否首长的战斗决心和部队的战斗任务相符合,是否与现实的保障环境和本级的保障能力相符合,是否与保障实施的客观条件相符合等。还可以采用仿真手段,将装备保障方案的运用过程动态化,评价方案的保障效能。具体采用何种手段,需要依据评价目的而定。

2.3　装备保障方案评价问题分析

方案评价,实际上就是根据相关的评估准则要求,采用一套客观、特定的方法或步骤,对一个或多个方案同时进行分析、判断、测度后形成一个有价值的结论(可以是建议,也可以是排序),为方案的决策者提供技术上的辅助。若想把装备保障方案评价问题展开,分析清楚,就必须对评价目标、评价对象、所展开的评价活动、涉及到的关键技术方法等情况有所了解。

2.3.1　评价对象分析

本书所讨论的评价对象是战术级装备保障方案,即部队军、师、旅以下各级的装备保障方案。在对方案进行评价时,需要注意几点。

1. 备选方案

我们知道,装备保障方案是与作战方案相对应的。一个作战方案可以对应一个装备保障方案,也可以同时对应多个装备保障方案,即存在多个备选方案。因此,在评价时,可能评价的是单一方案,也可能是多个备选方案。对单一方案一般是给出评估和优化建议,对备选方案一般是给出方案的优劣排序。

2. 保障方案组

当在谈论一个战术级装备保障方案时,其实是在讲一个装备保障方案组,它包含了本级及其以下各层次的装备保障方案。这是因为装备保障方案的制定一般是按照指挥层次从上至下进行的。此时,要对战术级装备保障方案进行评价,就必须对每一层次的装备保障方案均进行评价。例如,对师的装备保障方案进行评价,就需要分别对师、团、营以及分队的装备保障方案进行评价。

3. 保障约束

在制定装备保障方案之时,敌情分析、作战任务、作战地域、现有的保障实力、首长决心等都是制约装备保障方案形成的重要因素。保障方案生成后,这些信息已经被隐去了。但是在对保障方案进行评价时,这些约束条件必须要考虑进来。

4. 保障方案内容组成

装备保障方案是装备指挥、保障力量部署、维修、器材、弹药等多个要素组成。在对保障方案进行评价时,不仅关心装备保障方案的整体设计如何,往往还会关注组成要素的设计效果。例如,会关心保障方案中装备维修部分的情况。这样的做法,也利于提出装备保障方案的某组成要素的改进意见。

2.3.2　评价目标分析

装备保障方案是对装备保障系统的规划与完整说明。因此,可以说装备保障方案是构建装备保障系统的设计方案。装备保障方案制定的好坏直接影响到装备保障系统的实际运行效果,从而影响到作战保障效果。因此,在构建装备保障系统前必须对前期设计的装备保障方案进行评价与优化,最终使得装备保障方案实施后装备保障系统的保障效能最大程度得到发挥。

对装备保障方案进行评价,实质上是依据作战保障的理想模式,借助定量评估、定性说明及综合评价等手段,对装备保障方案的作用效果进行全面评价、形成评价结论、出具评价报告的过程。根据作用效果,可以导出装备保障方案评价的核心目标为"三性",即完整性、合理性和有效性。根据这"三性"的评价结果,可以发现装备保障方案中的薄弱环节,并提出改进意见,从而实现最优化目标。

1. 装备保障方案的完整性

装备保障方案的完整性目标具有两个涵义:一是全面性,即装备保障方案的各项要素均已设计,没有缺项;二是规范性,即装备保障方案的各项要素的设计符合规范的要求。装备保障方案的完整性目标是其他目标的基础,反映出了装备保障方案的一种系统性。例如,装备保障指挥、保障力量的部署、维修保障、器材保障、弹药保障、通信保障、防卫保障、运输保障等均被完整、规范地加以说明了。对装备保障方案的完整性目标进行评价是进行其他目标评价的前提条件,属于静态评价。

2. 装备保障方案的合理性

合理性以完整性目标为基础,同时又是对完整性目标的深化。装备保障方案的合理性是指装备保障方案设计和执行时的适用性和经济性。适用性是装备保障方案合理性的突出特征,它是指所设计的装备保障方案适应作战背景的特点和要求,具有一定的个性。例如,满足装备作战方案对装备保障的需求,符合首长的保障决心,现有装备保障能力可支持等。同时,装备保障方案的适用性受经济性特征的约束,即要符合成本效益原则。由于事关军事作战,经济因素的影响在本报告中暂时不予以考虑。

3. 装备保障的有效性

有效性以完整性与合理性为基础,同时又是完整性和合理性目标的归宿。有效性是装备保障方案的核心目标,是装备保障方案发挥作用的关键。装备保障方案的有效性包含两个涵义:一是方案设计的有效性,即装备保障方案中的各项要素在业务层面均能够发挥作用;二是运行的有效性,即装备保障方案在实施后的装备保障系统的运行效果良好。

2.3.3 评价方式分析

这里,评价方式是指开展装备保障方案评价活动所采用的方法和形式,即怎样开展对装备保障方案的评价活动。如图 2-1 所示,按照装备保障方案的阶段生成过程,可以对过程中的每一个阶段分别进行评价。例如,方案制定阶

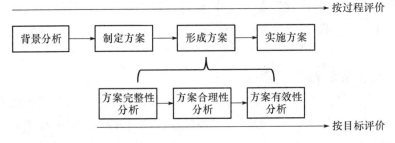

图 2-1 装备保障方案评价方式

段的评价,方案形成阶段的评价,方案实施阶段的评价。由于本报告中,装备保障方案的评价时机是在方案形成后但尚未实施前,因此评价工作是在方案形成阶段进行的。在该阶段,可按照装备保障方案的评价目标逐一进行评价。

2.4　装备保障方案评价框架研究

2.4.1　评价问题的研究思路

在明确了评价对象、评价目标和评价方式后,即进入装备保障方案评价的具体操作程序,分别是:确定装备保障方案的评价对象和评价目标,确定装备保障方案的评价要求体系,选择或设计装备保障方案的评价方法,选择和建立装备保障方案的评价模型,装备保障方案和评价结果分析,具体步骤如图 2 – 2 所示。

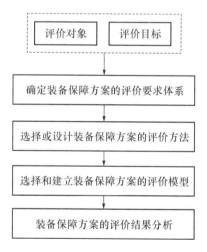

图 2 – 2　装备保障方案评价问题的研究思路

1. 确定评价对象和评价目标

确定评价对象和评价目标是开展装备保障方案评价工作的基础。该项工作的目的是汇集并明确部队对装备保障方案评价的基本目标需求,并把这种需求转化为装备保障方案的评价要求体系。明确评价对象和评价目标:一方面有助于评价系统的结构组成;另一方面有助于为评价要求体系的构建提供依据。

2. 确定装备保障方案的评价要求体系

所谓评价要求,就是根据评价要素及其评价目的,所确定的反映评价要素某一方面或某些方面情况的特征依据。对于评价要素的定量特征,一般用定量参数或定量指标进行描述;对于评价要素的定性特征,一般用定性要求进行描述。由于装备保障方案中既存在定性要求又存在定量参数/指标,为了描述方式的统一性,在这里不分定性描述还是定量描述,统一采用评价要求进行表达。

构建评价要求体系是进行装备保障方案评价的前提条件。装备保障方案的评价要求体系,是从装备保障方案的总目标或顶层系列目标出发,根据评价要素的目标和功能,逐层细化、发展为子目标,子要素的评价要求,最终形成整个方案的评价要求体系。它完整地、综合地反映出了装备保障方案各层次、各方面的情况。

3. 选择或设计装备保障方案的评价方法

目前,可采用的定性、定量和综合方法很多。但是,对装备保障方案评价而言,由于评价目的不同,评价对象的差异,在选择和设计评价方法时,需要选择成熟的、公认的评价方法,并注意评价方法与评价目的的匹配,注意评价方法的内在约束,掌握不同方法的评价角度与评价途径。

4. 选择和建立装备保障方案的评价模型

构建评价模型是在选择和设计评价方法的基础上,通过一系列的定性和定量模型给出装备保障方案评价要求体系的综合评价值。其中,各级评价要求权重的确定原则,无量纲的处理办法等都是必须要考虑的问题。

5. 装备保障方案的评价结果分析

基于评估结果分析,提出改进建议或者给出多个备选方案的评价排序。其中,改进建议可以是针对装备保障方案其中某个要素的设置的建议,也可以是针对装备保障方案评价要求或评价方法的建议,等等。

2.4.2 评价问题的研究框架

根据上述对装备保障方案评价对象、评价目标、评级方式及对评价问题研究思路的分析,可以形成装备保障方案评价的研究框架,如图 2-3 所示。

由图 2-3 可知,通过对装备保障方案评价问题分析,可以得到战术级装备

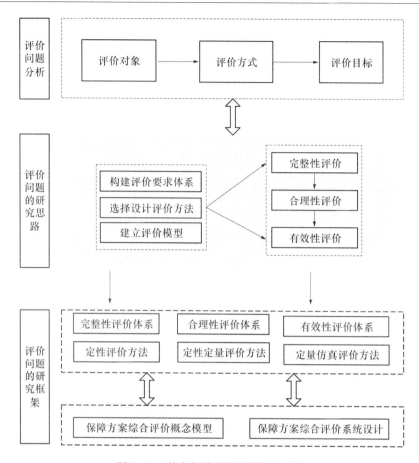

图 2 – 3　装备保障方案评价框架研究

保障方案评价问题的研究框架,即针对战术级装备保障方案的完整性、合理性和有效性评价目标,分别构建装备保障方案的评价要求体系,选择或设计评价方法,建立战术级装备保障方案的评价模型。

　　具体的研究内容分为三类:一是关于评价体系的构建,包括装备保障方案评价的完整性评价体系构建,装备保障方案评价的合理性评价体系构建,装备保障方案评价的有效性评价体系构建;二是评价方法的研究,包括基于定性方法的装备保障方案完整性评价,基于定量仿真方法的装备保障方案有效性评价,以及基于定性定量方法的装备保障方案合理性评价;三是装备保障方案综合评价系统的构建,包括装备保障方案综合评价的概念模型和保障方案综合评价系统的设计等。三个类别是递次关系。

2.5 装备保障方案评价体系构建原则

装备保障方案中包含大量的要素,评价问题也多种多样,因此在在建立评价体系时,需要遵循一定的原则,使评价体系能够对装备保障方案进行科学地评价。

1. 系统性原则

系统性原则是指构建的评价体系能够系统地反应评价目标。对于装备保障方案来说,其是在一定的作战背景上形成的,具有一定的"个性"。在构建评价体系时,需要遵循系统性原则,既可以从整体上,也可以从局部上判断装备保障方案是否满足相应的背景和要求。

2. 可操作性原则

可操作性原则是指构建的评价体系能够易于评价人员进行评价。装备保障方案中包含有定性和定量的评价问题:对于定性问题,需要评价人员主观上对装备保障方案是否满足要求进行判断;对于定量问题,需要使评价指标易于量化和计算,因此在构建评价体系时,应遵循可操作性原则,以便有效地对装备保障方案进行评价。

3. 层次性原则

层次性原则是指构建的评价体系各层之间的一种逻辑层次结构关系。装备保障方案中包含的要素是多元的,在建立评价体系时,需要将所有的要素按所属层次的不同,建立纵深的层次结构关系,将装备保障方案中的要素清晰、明确地表述出来。

4. 通用性原则

通用性原则是指建立的评价体系能够适用于多种装备保障方案的评价。依据作战任务的不同,会形成不同的装备保障方案。例如,进攻作战装备保障方案和防御作战装备保障方案。作战任务的不同,会导致装备保障的侧重点不同,进而会产生多样化的装备保障方案。因此,所构建的评价体系应遵循通用性原则,使其能够适应不同背景下的装备保障方案完整性评价。

第3章 基于定性方法的装备保障方案完整性评价

3.1 装备保障方案完整性评价体系构建

3.1.1 完整性评价体系分析

装备保障方案完整性具有两个含义:一是结构完整性,即装备保障方案的各项要素均已设计,没有缺项;二是内容规范性,即装备保障方案的各项要素的设计符合规范的要求。因此在构建装备保障方案完整性评价体系时,可从结构完整和内容规范这两个方面入手。

从前面对装备保障方案的分析来看,装备保障方案的要素组成包括装备保障指挥、保障力量的部署、维修保障、器材保障、弹药保障、运力保障、防卫保障、通信保障等 8 个方面,其中每个组成要素都涉及对结构完整性和内容规范性的问题。因此,可以基于装备保障方案的八大要素组成,分别提出其在结构完整性和内容规范性的评价要求。

1. 装备保障方案的结构完整性

对于装备保障方案的结构完整性,可对各个组成要素的影响因素做进一步分析(表 3 – 1)。

(1)通过分析保障指挥结构可知,保障指挥结构完整性主要受到保障指挥关系、保障指挥机构编组、保障指挥机构配置、保障指挥机构转移等要素结构完整程度的影响。

(2)通过分析保障力量部署结构可知,保障力量部署结构完整性主要受到保障力量部署形式、保障任务与力量区分、保障力量的部署地域等要素结构完整程度的影响。

(3)通过分析维修保障结构可知,维修保障结构完整性主要受到的维修保障关系、维修力量的配置地域、维修力量的编组、维修保障配套措施等要素结构完整程度的影响。

（4）通过分析器材保障结构可知，器材保障结构完整性主要受到的器材保障关系、器材库配置地域、器材库编组、器材的筹措储备和补充控制等要素结构完整程度的影响。

（5）通过分析弹药保障结构可知，弹药保障结构完整性主要受到弹药保障关系、弹药库配置地域、弹药库编组、弹药的储备和补充控制、弹药管理等要素结构完整程度的影响。

（6）通过分析运力保障结构可知，运力保障结构完整性主要受到的运力编组、运力实施等要素结构完整程度的影响。

（7）通过分析防卫保障结构可知，防卫保障结构完整性主要受到防卫任务、防卫区划分、防卫力量编组、防卫力量配置、防卫措施与方法等要素结构完整程度的影响。

（8）通过分析通信保障结构可知，通信保障结构完整性主要受到通信任务、通信力量编组、通信方式等要素结构完整程度的影响。

表 3 - 1　结构完整性的影响因素

结构完整性要求	结构完整性的影响因素
保障指挥结构的完整性	保障指挥关系、保障指挥机构编组、保障指挥机构配置、保障指挥机构转移
保障力量部署结构的完整性	保障力量部署形式、保障任务与力量区分、保障力量的部署地域
维修保障结构的完整性	维修保障关系、维修力量的配置地域、维修力量的编组、维修保障配套措施
器材保障结构的完整性	器材保障关系、器材库配置地域、器材库编组、器材的筹措储备和补充控制
弹药保障结构的完整性	弹药保障关系、弹药库配置地域、弹药库编组、弹药的储备和补充控制、弹药管理
运力保障结构的完整性	运力编组、运力实施
防卫保障结构的完整性	防卫任务、防卫区划分、防卫力量编组、防卫力量配置、防卫措施与方法
通信保障结构的完整性	通信任务、通信力量编组、通信方式

2. 装备保障方案的内容规范性

对于装备保障方案的内容规范性,可对各个组成要素的影响因素做进一步分析(表 3 - 2)。

(1)通过分析保障指挥结构组成内容可知,保障指挥内容规范性主要受到保障指挥关系的主客体、编组后的人员和指挥设备配置数量、指挥所配置位置坐标、转移路线、转移时机等内容规范程度的影响。

(2)通过分析保障力量部署组成内容可知,保障力量部署内容规范性主要受到保障力量部署的具体形式、各保障单元具体负责的保障任务、保障力量部署地域的坐标等内容规范程度的影响。

(3)通过分析维修保障组成内容可知,维修保障内容规范性主要受到维修关系主客体、维修力量配置地域坐标、维修力量编组的类别和数量、维修人员技术等级与数量、维修设备工具类别与数量、维修方法等内容规范程度的影响。

(4)通过分析器材保障组成内容可知,器材保障内容规范性主要受到器材保障关系的主客体、器材库配置地域的坐标、器材库编组后的人员和设备配置、器材的筹措方法、器材的储备方法、器材的补充方法、补充时机、补充路线等内容规范程度的影响。

(5)通过分析弹药保障组成内容可知,弹药保障内容规范性主要受到弹药保障关系的主客体、弹药库配置地域的坐标、器材库编组后的人员和设备配置、弹药的储备方法、弹药的补充方法、补充时机、补充路线、弹药的管理方法等内容的规范程度的影响。

(6)通过分析运力保障组成内容可知,运力保障内容规范性主要受到运力编组后的编组数量、各组的人员和车辆配置数量、运力实施方法、实施要求、实施原则等内容规范程度的影响。

(7)通过分析防卫保障组成内容可知,防卫保障内容规范性主要受到具体的防卫任务、划分的各防卫区坐标、防卫力量编组后的编组数量、各组的人员和设备配置数量、防卫力量配置地域坐标、具体的防卫方法等内容规范程度的影响。

(8)通过分析通信保障组成内容可知,通信保障内容规范性主要受到具体的通信任务、通信力量编组后的编组数量、各组的人员和通信设备配置数量、具体的通信方式等内容规范程度的影响。

图 3-2   内容规范性的影响因素

内容规范性要求	内容规范性的影响因素
保障指挥结构内容规范性	保障指挥关系的主客体、编组后的人员和指挥设备配置数量、指挥所配置位置坐标、转移路线、转移时机
保障力量部署内容的规范性	保障力量部署的具体形式、各保障单元具体负责的保障任务、保障力量部署地域的坐标
维修保障内容的规范性	维修关系主客体、维修力量配置地域坐标、维修力量编组的类别和数量、维修人员技术等级与数量、维修设备工具类别与数量、维修方法
器材保障内容的规范性	器材保障关系的主客体、器材库配置地域的坐标、器材库编组后的人员和设备配置、器材的筹措方法、器材的储备方法、器材的补充方法、补充时机、补充路线
弹药保障内容的规范性	弹药保障关系的主客体、弹药库配置地域的坐标、器材库编组后的人员和设备配置、弹药的储备方法、弹药的补充方法、补充时机、补充路线、弹药的管理方法
运力保障内容的规范性	运力编组后的编组数量、各组的人员和车辆配置数量、运力实施方法、实施要求、实施原则
防卫保障内容的规范性	防卫任务、划分的各防卫区坐标、防卫力量编组后的编组数量、各组的人员和设备配置数量、防卫力量配置地域坐标、具体的防卫方法
通信保障结构的规范性	具体的通信任务、通信力量编组后的编组数量、各组的人员和通信设备配置数量、具体的通信方式

3.1.2   完整性评价体系确定

　　根据前面对装备保障方案完整性评价体系的分析结果,以结构完整性和内容规范性作为装备保障方案完整性的一级评价指标,以基于装备保障方案八大组成要素的影响因素分析作为二级评价要求体系,则可建立装备保障方案的完整性评价体系,如图 3-1 所示。

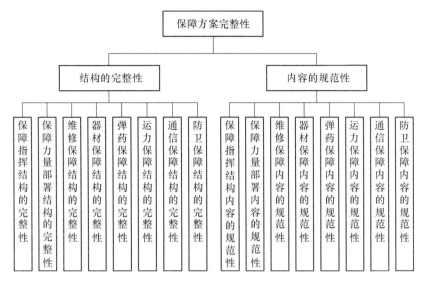

图 3 - 1　装备保障方案完整性评价体系

3.2　方法的适用性分析

定性评价方法又称软方法评价方法,是一种直接利用评价者本人或有关专家的智慧来进行评价的方法,即评价者根据所掌握的信息,通过对事物运动规律的分析,在把握事物内在本质联系基础上进行决策的方法。目前,主要的定性分析方法有德尔菲法、头脑风暴法、反向头脑风暴法、名义小组法、电子会议法和戈登法等。

(1)德尔菲法是一种面向专家进行调查研究并由专家集体判断形成结论的评价方法。它是以匿名方式通过几轮函询征求专家们的意见,组织评价小组对每一轮的意见都进行汇总整理,作为参照资料再发给每一位专家,供他们分析判断,提出新的意见。如此反复,专家的意见渐趋一致,最后做出最终结论。

(2)头脑风暴法是集中有关专家召开会议,在融洽轻松的会议气氛下,由专家们发散思维、自由地提出尽可能多的方案。为了促进专家思维之间的相互激发,专家的选择范围较广泛,该方法不适用于一些具有机密性和高技术含量及专业性问题。

(3)反向头脑风暴法是对已经形成的设想、意见、方案进行可行性研究的一种会议形式。会议的参加者对已提出的设想、意见、方案禁止做确认论证,而只允许提出各种质疑或评论。反向头脑风暴法特点同头脑风暴法一样,与头脑风暴法不同的是,反向头脑风暴法是对已经形成的意见的讨论。

(4)名义小组法是由管理者先选择一些问题有研究或有经验的人作为小组成员,并向他们提供与决策问题相关的信息,小组成员各自事先独立提出决策建议并在会上分别阵述自己的方案,最终选出大家最赞同的方案。

(5)电子会议法是将名义小组法与计算机技术相结合的一种最新的群体决策方法。利于消除了闲聊和讨论偏题的问题。不论是名义小组法或是电子会议法,其核心都是专家针对特定主题目的研讨方法,这里统一简称为小组会议法。

(6)戈登法是一种由会议主持人知道进行集体讲座,不让与会者知道知道真正意图和目的方法。这种方法要求在会议上把具体为题抽象为广义的问题来提出,以引起人们广泛的设想,从而给主持人暗示出解决问题的方案。

从上面各定性评价方法的分析可知:一是定性评价方法的核心是有多名专家参与发表意见,发表意见的方式可以是匿名的,也可以是面对面的,可以是聚焦式的发言,也可以是发散性的发言,通过对专家群体的意见进行汇总整理,形成提交决策者的评价建议;二是随着定性评价方法的发展,目前定性方法中都存在部分的定量处理办法,尤其是在进行专家群体意见收敛的处理方面,当方法本身的核心仍是以定性思想为主。

针对装备保障方案的完整性评价而言,评价主题明确,评价体系已知,所需要做的是专家表明自己的意见和建议,采用的方式可以是匿名的或是研讨方式的。在这种情况下,德尔菲法和小组会议法更为合适。下面,将应用这两种评价方法对装备保障方案的完整性评价问题进行研究。

3.3 基于德尔菲法的装备保障方案完整性评价方法

3.3.1 德尔菲法的评价过程

(1)设计问卷,拟定评价提纲。以问卷调查表的形式,把拟定评价目标写成几方面的问题,问题的含义要求明确,不易产生二义性。

（2）征询专家意见。选定专家,向专家发放第一次问卷调查表,要求每位专家提出自己评价的意见和依据,并说明是否需要补充资料。

（3）意见分析处理。回收发送给专家的调查问卷,分析专家的评价结果是否集中,如果评价结果比较发散,则需要继续进行调查,直到专家的评价结果集中。

（4）得出结论。经过多轮调查,如果专家的评价结果满足收敛要求,则可以根据多轮的专家评价结果计算得出最终的评价结论。

可见,在德尔菲方法中最关键的环节是问卷调查表的设计、专家的权重以及专家意见的分析处理。

3.3.2 保障方案完整性问卷调查的设计

问卷调查表的设计核心在于问卷内容的设计以及每项内容的评判准则。在装备保障方案完整性评价中,由于已知评价要求体系,因此可以从评价要求体系入手设计调查问卷,并将各个评价要求的影响因素作为评判准则。考虑到装备保障方案完整性的评价要求含义相对清晰明确,不易产生二义性。不论采用画勾方法还是打分方法都可以聚焦专家意见。而打分方法可以更细致地统计出专家的建议,减少专家意见反馈的次数。因此,这里将划勾和打分对应起来,以便更明确地反映专家的意图。

1. 问卷调查表

如表 3 - 3 所列,表中给出了调查内容与评分等级。专家可以对调查的内容在"好、一般、差"三个区段内画勾和打分。这三个区段与得分值的对应关系分别是:"好"对应 10 分;一般对应区间 $[9,6]$;差对应区间 $[5,0]$。

表 3 - 3 保障方案完整性评价问卷调查表

评分等级 / 调查内容	A. 好	B. 一般	C. 差	得分值
（1）保障指挥结构的完整性				
（2）保障力量部署结构的完整性				
（3）维修保障结构的完整性				
（4）器材保障结构的完整性				
（5）弹药保障结构的完整性				

（续）

调查内容 ＼ 评分等级	A. 好	B. 一般	C. 差	得分值
（6）运力保障结构的完整性				
（7）通信保障结构的完整性				
（8）防卫保障结构的完整性				
（9）保障指挥内容的规范性				
（10）保障力量部署内容的规范性				
（11）维修保障内容的规范性				
（12）器材保障内容的规范性				
（13）弹药保障内容的规范性				
（14）运力保障内容的规范性				
（15）通信保障内容的规范性				
（16）防卫保障内容的规范性				

对问卷调查表 3 - 3 中的 16 项内容的具体评判可参照图 3 - 2 中卡片的具体内容。若调查的条目中包含卡片的全部内容，则选择"好"，打分结果为 10 分；若调查的条目中只包含 1/3 以上的内容则选择"一般"，打分情况根据包含内容的多少而定，打分结果为 6 ~ 9 分；若调查的条目中包含的内容低于 1/3，则选择"差"，打分结果为 0 ~ 5 分。

3.3.3 保障方案专家权重的计算方法

1. 专家来源分析

由于装备保障方案评价工作的复杂性，需要不同评价视角和知识背景的专家对其进行评价，从参与装备保障方案评价的角色来看，主要涉及以下部门和人员。

1）作战指挥部门

作战指挥部门能够从宏观上掌握装备保障方案评价的目标和方向，切实弄清装备保障方案是否满足作战任务，保证实际工作符合相关规定，通过亲自开展评价和收集其他相关评价主体的信息反馈，能够取得更全面、有效地信息，更好地发挥指导、监控等作用。人员一般包括作战指挥部门首长，作战参谋等。

(a)

- 保障指挥结构的完整性
  - 保障指挥关系
  - 保障指挥机构编组
  - 保障指挥机构配置
  - 保障指挥机构转移

- 保障力量部署结构的完整性
  - 保障力量部署形式
  - 保障力量任务区分
  - 保障力量区分
  - 保障力量部署地域

- 维修保障结构的完整性
  - 维修保障关系
  - 维修保障力量配置地域
  - 维修保障力量编组
  - 维修保障配套措施

- 器材保障结构的完整性
  - 器材保障关系
  - 器材库的配置地域
  - 器材库的编组
  - 器材的筹措储备与补充控制

- 弹药保障结构的完整性
  - 弹药保障关系
  - 弹药库的配置地域
  - 弹药库的编组
  - 弹药的筹措储备与补充控制
  - 弹药管理

(b)

- 运力保障结构的完整性
  - 运力的编组
  - 运力的实施方式

- 防卫保障结构的完整性
  - 防卫任务
  - 防卫区划分
  - 防卫力量编组
  - 防卫力量配置
  - 防卫措施与方法

- 通信保障结构的完整性
  - 通信保障任务
  - 通信保障力量编组
  - 通信保障方式

- 保障指挥内容的规范性
  - 保障指挥关系的主客体
  - 编组后人员的数量
  - 指挥所配置的位置坐标
  - 转移路线
  - 转移时机

- 保障力量部署内容的规范性
  - 部署的具体形式
  - 各保障单元具体负责的保障任务
  - 保障力量部署地域坐标

(c)

- 维修保障内容的规范性
  - 保障关系的主客体
  - 维修力量配置地域的坐标
  - 维修力量配置编组的类别和数量
  - 维修人员技术等级数量
  - 维修设备工具类别与数量
  - 维修方法

- 器材保障内容的规范性
  - 保障关系的主客体
  - 器材库地域的坐标
  - 器材库人员与设备数量
  - 器材筹备方法
  - 器材储备方法
  - 器材补充方法
  - 器材补充时机与路线

- 弹药保障内容的规范性
  - 保障关系的主客体
  - 弹药库地域的坐标
  - 弹药库人员与设备数量
  - 弹药筹备方法
  - 弹药储备方法
  - 弹药补充方法
  - 弹药补充时机与路线
  - 器材管理方法

- 运力保障内容的规范性
  - 编组数量
  - 人员与车辆配置数量
  - 运力实施方法
  - 运力实施要求
  - 运力实施原则

- 通信保障内容的规范性
  - 具体的通信任务
  - 编组数量
  - 各组人员设备和设置数量
  - 通信方法

- 防卫保障内容的规范性
  - 具体的防卫任务
  - 各防卫区域坐标
  - 编组数量及人员配置
  - 防卫力量配置坐标
  - 防卫方法

图 3-2　保障方案完整性评价中调查问卷的评判准则

2）装备保障部门

装备保障部门是装备保障工作的实施者,包括以下三类。

（1）装备保障指挥人员,包括装备保障机构领导、机关和分队装备保障指挥员,主要负责装备保障的计划、组织、实施、控制、决策等。

（2）装备保障管理人员,包括战术技术参谋,军械、装甲、车辆、工化等各业务部门人员,以及装备使用人员,主要负责装备在使用过程中的管理工作。

（3）装备保障技术人员,包括各级维修保障人员,主要负责维修出现故障和战损的装备。

装备保障部门是现实中整个装备保障活动的直接参与者,作为评价专家,通过全程参与装备保障方案评价活动,能够准确把握装备保障方案中存在的薄弱环节。

3）装备保障专家

装备保障专家主要来自部队维修保障机构、院校、研究院所及军工厂等单位,业务领域应涵盖装备保障方案所涉及的维修保障、弹药保障、器材保障等各个领域。他们要参与装备保障方案评价的全过程,包括制定指标体系、实施评价、对评价结果进行汇总反馈等。

2. 专家权重的确定

如何发挥专家们各自的优势,克服各自的局限性直接影响装备保障方案评价工作的质量。因此专家权重的设置应该从不同评价专家的角度综合考虑,力争做到客观公正。基于上述分析,下面主要从两个方面考虑确定专家权重：

（1）领导权重。不同的评价专家有不同的领导职位,其评价效力自然不尽相同,一般来说,评价专家的领导职位越高,其权重越大。

（2）业务权重。不同的评价专家根据其不同的业务专长,对装备保障方案某一业务领域的评价有不同的可靠程度,一般来说,评价专家的业务专长对于评价对象所需的业务素质越贴近,其权重越大。

1）领导权重的计算

参与装备保障方案评价的专家中的一部分担任着领导职务,故在对某一方案进行评价时,拥有的话语权自然不同,其权重应与其所任领导职务的高低相

匹配。假设共有评价专家 n 名,评价专家 v 在某装备保障方案评价中的领导权重为

$$L(v) = \frac{h(v)}{\sum h(i)} \qquad i = 1,2,\cdots,n \qquad (3-1)$$

式中: $h(v) \geqslant 1$ 为整数,称为领导等级系数,表示评价专家所担任的领导职务的等级。

在确定 $h(v)$ 时,可以通过不同领导职务等级系数的划分进行确定。表 3 - 4 给出一个领导等级划分及对应权重值分配方法。

表 3 - 4　领导等级划分标准示例

领导等级	组　成	$h(v)$ 领导等级系数
作战指挥部门	作战部门首长	9
	作战参谋	8
	其　他	7
装备保障部门	装备部门首长	6
	战计参谋	5
	维修分队人员	4
	其他	3
装备保障专家	专家	2

2）业务权重的计算

参与装备保障方案评价的专家拥有不同的业务背景,故在对装备保障方案的业务领域进行评价时,拥有的话语权自然不同,其权重应与他的业务经历与评价任务所需要的专业素质的贴近程度有关。假设共有评价专家 n 名,评价专家 v 在装备保障方案评价中的业务权重为 $E(v)$,则

$$E(v) = \frac{h'(v)}{\sum h'(i)} \qquad i = 1,2,\cdots,n \qquad (3-2)$$

式中: $h'(v) \geqslant 1$ 为整数,称为业务等级系数,表示评价专家所拥有的业务精深的等级。在确定 $h'(v)$ 时,可以通过不同业务等级系数的划分进行确定。表 3 - 5 给出一个业务等级划分及对应权重值的分配方法。

表3-5　业务等级划分标准示例

业务等级	组　成	业务等级系数 $h'(v)$
院士		9
专业组长		7
专家	保障领域专家	6
	保障领域研究人员	5
	保障领域管理人员	4
	基层保障技术人员	3

3）专家权重整合

在确定了评价专家的领导权重和业务权重之后,下面给出评价专家 v,对于装备保障方案评价总的权重 $P(v)$ 的计算公式为

$$P(v) = \beta_1 \cdot L(v) + \beta_2 \cdot E(v) \qquad (3-3)$$

式中: β_1、β_2 分别为领导权重和业务权重的系数,满足 $\beta_1 + \beta_2 = 1$,一般取 $\beta_1 = \beta_2 = 0.5$。

3.3.4　保障方案专家意见汇总分析处理方法

专家意见汇总后,可能出现两种情况:一是专家意见高度一致,即仅通过一轮意见反馈就能形成统一的意见;二是专家意见出现部分一致和部分分歧,对分歧部分需要进行再一轮的问卷调查和反馈,重新判断专家意见的一致性。如此往复,直至形成统一意见为止。

对于专家意见的收敛,本书通过分析专家打分结果的均值、方差和峰值等情况,分析确定数据的集中特征、离散特征和分布特征,并由此形成专家的最终意见。

问卷调查结论汇总意见分析表如表3-6所列。按照专家打分的条目,应一一分析给出该条目的专家加权平均值、偏度值和峰度值。

表3-6　问卷调查结论汇总分析表

评价内容	加权均值	偏度值	峰度值
(1) 保障指挥结构的完整性			
(2) 保障力量部署结构的完整性			

（续）

评价内容	加权均值	偏度值	峰度值
（3）维修保障结构的完整性			
（4）器材保障结构的完整性			
（5）弹药保障结构的完整性			
（6）运力保障结构的完整性			
（7）通信保障结构的完整性			
（8）防卫保障结构的完整性			
（9）保障指挥内容的规范性			
（10）保障力量部署内容的规范性			
（11）维修保障内容的规范性			
（12）器材保障内容的规范性			
（13）弹药保障内容的规范性			
（14）运力保障内容的规范性			
（15）通信保障内容的规范性			
（16）防卫保障内容的规范性			

1. 集中特征的度量

加权均值是指综合考虑各位评审专家的权重和相应的评分值后得到的分值,该值反映了专家对该调查条目完整性的集中看法,其计算公式为

$$E_j = \sum_{i=1}^{n} w_i x_{ij} \qquad (3-4)$$

式中:E_j 为第 j 项评价内容的加权均值;w_i 为第 i 位专家的权重,x_{ij} 为第 i 位专家对 j 项内容的第的打分值。

2. 离散特征的度量

标准方差是对数据离散特征的度量,它反映了各评审专家评分分布的离散程度,其计算公式为

$$D_j = \sum_{i=1}^{n} (x_{ij} - E_j)^2 \omega_i \qquad (3-5)$$

$$\sigma_j = \sqrt{D_j} \qquad (3-6)$$

式中:D_j 为第 j 项评价内容的方差。

3. 分布特征的度量

偏度值是表征各评审专家评分分布情况的特征量之一,用于描述各专家的评分值是否对称均匀地分布在加权均值的两侧,其偏度计算公式为

$$E_{pj} = \frac{D_{3j}}{\sigma_j^3} \tag{3-7}$$

式中:E_{pj} 为第 j 项评价内容的偏度值;D_{3j} 为第 j 项评价内容的得分值的三阶中心矩;σ_j 为第 j 项评价内容的标准差;σ_j^3 为标准差的立方。

三阶中心矩的计算公式为

$$D_{3j} = \frac{\sum_{i=1}^{n} (x_{ij} - E_j)^3}{n} \tag{3-8}$$

式中:n 为参与评价的专家数。

偏度值的绝对值越大,则说明专家的评价结果分布偏倚程度越大。一般当偏度值的绝对值大于 2 时偏倚程度就已经很大,因此当 $|E_{pj}| \geqslant 2$ 时,则专家的评价结果不可接受。

峰度值也是表征各评审专家评分分布情况的特征量之一,用于分析专家的评分结果是较为均匀地分布,还是侧重出现在中心附近。它反映出考虑专家评价结果的收敛情况,峰度的计算公式为

$$E_{Fj} = \frac{D_{4j}}{\sigma_j^4} \tag{3-9}$$

式中:E_{Fj} 为第 j 项评价内容的峰度值;D_{4j} 为第 j 项评价内容的四阶中心矩;σ_j^4 为第 j 项评价内容的标准差的 4 次方。

四阶中心矩的计算公式为

$$D_{4j} = \frac{\sum_{i=1}^{n} (x_{ij} - E_j)^4}{n} \tag{3-10}$$

一般情况下,当峰度值小于 3 时,专家意见分布比较分散;当峰度值大于或等于 3 时,专家的意见收敛度就已经比较集中,则专家的评价结果可接受,反之则不接受。

4. 装备保障方案完整性的计算方法

第一轮问卷调查调查分析完成后,若对偏度值和峰度值不满足要求的评价

内容,则需要重新设计调查问卷,进行第二轮调查,针对专家的新的评价结果以及不同意第一轮的意见进行统计分析。如此反复进行调查,当偏度值和峰度值满足要求时则可停止调查。

最后,计算保障方案完整性评价总得分,即

$$X = \frac{\sum\limits_{j=1}^{m} x_j}{m} \tag{3-11}$$

式中:m 为评价的项目数;x_j 为第 j 个调查条目的得分值,该得分值是经过几轮调查询问后满足偏度值和峰度值的结果,所以 x_j 可能来自不同的专家意见征询轮次。

对于最终的评价结果,设立评价等级标度如表 3-7 所列。

表 3-7　评价等级标度表

等级	好	一般	差
标度	[10,9)	[6,9)	(5,0)

依据最终的评价总得分所处的区间判断保障方案完整性的优劣程度。

3.3.5　示例分析

选取 10 位专家,其中从事装备保障研究的院校专家 5 名,部队首长 3 名,从事装备保障方案制定的干部 2 名。向所有专家发送调查问卷,进行第一轮调查,评分结果如表 3-8 所列。

表 3-8　第一轮专家评分结果汇总表

专家　　　评价项	1	2	3	4	5	6	7	8	9	10
(1) 保障指挥结构的完整性	10	10	10	10	10	10	10	10	10	10
(2) 保障力量部署结构的完整性	7	8	6	6	9	8	9	8	8	9
(3) 维修保障结构的完整性	10	10	10	10	10	10	10	10	10	10
(4) 器材保障结构的完整性	7	8	8	7	8	8	7	8	7	7
(5) 弹药保障结构的完整性	9	9	8	8	9	8	9	8	9	9
(6) 运力保障结构的完整性	8	7	9	8	9	9	7	8	8	9

（续）

评价项 \ 专家	1	2	3	4	5	6	7	8	9	10
（7）通信保障结构的完整性	6	7	6	6	7	7	8	6	6	8
（8）防卫保障结构的完整性	6	7	7	6	6	7	7	6	7	7
（9）保障指挥内容的规范性	9	8	8	9	9	9	9	9	9	9
（10）保障力量部署内容的规范性	10	9	9	10	10	9	9	10	9	9
（11）维修保障内容的规范性	10	10	10	10	10	10	10	10	10	10
（12）器材保障内容的规范性	9	8	8	9	8	9	9	8	9	9
（13）弹药保障内容的规范性	6	7	6	6	6	8	6	9	9	7
（14）运力保障内容的规范性	10	10	9	9	9	10	9	10	10	9
（15）通信保障内容的规范性	9	10	9	9	9	9	9	9	10	10
（16）防卫保障内容的规范性	6	8	9	7	6	6	8	9	9	6
专家权重	0.12	0.12	0.12	0.12	0.12	0.10	0.10	0.10	0.05	0.05

计算第一轮各评价项得分的加权均值、偏度值和峰度值，计算结果如表 3-9 所列。

表 3-9　第一轮专家评分分析结果汇总表

评价内容	加权均值	偏度值	峰度值
（1）保障指挥结构的完整性	10	—	—
（2）保障力量部署结构的完整性	7.67	1.890	2.935
（3）维修保障结构的完整性	10	—	—
（4）器材保障结构的完整性	7.56	1.251	3.764
（5）弹药保障结构的完整性	8.51	1.365	3.896
（6）运力保障结构的完整性	8.05	1.189	3.952
（7）通信保障结构的完整性	6.54	1.228	3.565
（8）防卫保障结构的完整性	6.54	1.342	3.634
（9）保障指挥内容的规范性	8.76	1.254	3.543
（10）保障力量部署内容的规范性	9.46	1.431	3.654
（11）维修保障内容的规范性	10	—	—
（12）器材保障内容的规范性	8.54	1.343	3.780
（13）弹药保障内容的规范性	7.18	1.864	2.563
（14）运力保障内容的规范性	9.49	1.257	3.487
（15）通信保障内容的规范性	9.44	1.325	3.556
（16）防卫保障内容的规范性	7.37	1.786	2.782

第一轮的调查分析:由表 3 - 9 可知,第 1、3、13 项评价项加权均值为满分 10 分,不存在峰度和偏度值,其评价结果高度统一,即专家不存在歧义,调查结果满足要求。第 2、13、16 项内容的峰度值均小于 3,不满足大于或等于 3 的要求,需要重新进行第二轮调查。对于其他评价项,偏度值和峰度值都满足要求,无需进行第二轮调查。

第二轮调查:将第一轮的分析结果发送给专家,并对不满足要求的三项内容重新设计调查问卷进行第二轮调查。第二轮调查问卷与专家评分结果如表 3 - 10 ~ 表 3 - 12 所列。

表 3 - 10　第二轮调查问卷

评分等级　　　　　调查内容	A. 好	B. 一般	C. 差	得分值
(1) 保障力量部署结构的完整性				
(2) 弹药保障内容的规范性				
(3) 防卫保障内容的规范性				

表 3 - 11　第二轮专家评分结果汇总表

专家　　　　　评价项	1	2	3	4	5	6	7	8	9	10
(1) 保障力量部署结构的完整性	7	8	7	6	8	7	8	7	8	8
(2) 弹药保障内容的规范性	7	8	7	8	6	8	7	8	8	7
(3) 防卫保障内容的规范性	6	7	8	7	6	6	7	8	8	7
专家权重	0.12	0.12	0.12	0.12	0.12	0.10	0.10	0.10	0.05	0.05

表 3 - 12　第二轮专家评分分析结果汇总表

评价内容	加权均值	偏度值	峰度值
(1) 保障力量部署结构的完整性	7.27	1.756	3.435
(2) 弹药保障内容的规范性	7.37	1.824	3.547
(3) 防卫保障内容的规范性	7.05	1.795	3.476

第二轮的调查分析:由表 3 - 12 可知,第二轮调查问卷的三项内容均满足要求,无须再进行第三轮调查。

整理两轮的问卷调查结果,由式(3-11),可以计算装备保障方案完整性评价总得分为

$$X = \frac{\sum_{j=1}^{m} x_j}{m} = 8.411$$

由完整性评价总得分可知 $X = 8.411$,处于第二等级区间,即保障方案完整性的定性评价结果为一般。

3.4 基于小组会议法的装备保障方案完整性评价方法

3.4.1 小组会议法的的评价过程

小组会议法是专家在会议研讨过程中,针对特定的主题,充分地表达自身的观点,经过反复地迭代讨论,形成一致性的意见。具体过程如图3-3所示。

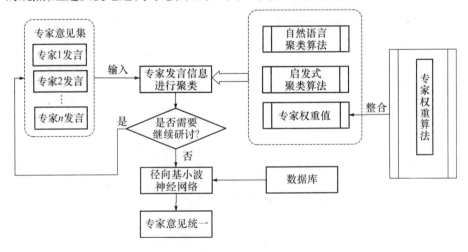

图3-3 小组会议法的评价过程

(1)在专家研讨过程中,通过自然语言聚类方法进行聚类,将专家群体的意见进行了初步整理。

(2)进一步利用启发式聚类算法引导专家对研讨议题反复思考,给出更具有针对性的评价意见,形成几个较为集中的子群体。

(3)在研讨过程中,明确给出各个专家的发言权重。

（4）针对评价发言的随机性、参与评价人员主观上的不确定性和其认识上的模糊性,利用神经网络进行意见统一,并结合自然语言研讨时的结论形成的阶段性/最终评价报告。

可见,在小组会议法中最关键的环节专家发言信息的聚类方法、专家权重算法和专家群体意见的统一收敛方法。其中,聚类方法包括了初步的自然语言聚类方法以及进一步的定量聚类方法。由于专家权重算法在 3.3.3 节中进行了介绍,这里不再赘述。

3.4.2　基于 HAC 的专家群体意见自然语言聚类法

在研讨过程中,专家的意见差别可能会比较大,如何克服研讨专家群体的分散化思维,快速从众多信息中科学提炼出研讨关注的焦点问题,使参加研讨的专家群体的思维最终基本达成一致,是专家意见收敛的核心。会议发言或文字描述是参与装备保障方案评价的专家对研讨议题发表观点的重要手段。采用自然语言的聚类算法,在“统计—反馈”过程中使专家将自己的意见向与自己观点相似度较高的方向调整,形成几个相对集中的意见群体。

所谓聚类,即把一组个体按照相似性归成若干类别。它的目的是对数据进行自组织,使得属于同一类别的个体之间的距离尽可能的小,而不同类别上的个体间的距离尽可能的大。常用的聚类算法主要包括以下几类:①基于划分的聚类算法是提前给定一个包含 n 个数据对象或元组的数据库;②基于划分的聚类算法是要生成数目为 k 的簇;③基于分层的聚类算法,是对给定数据对象集合按层次进行分解,算法的结果是形成一棵以数据子集为节点的聚类树,它表明了类之间的相互关系,另外层次分解时采用自底向上或自顶向下的顺序,该方法还可以进一步分为凝聚和分裂两种形式;④基于密度的聚类算法,它的提出是为了发现任意形状的聚类结果,该算法基于样本的领域条件,整个样本空间被低密度区间划分开,且不需要预先知道聚类的数目,只需要一遍扫描就可以完成聚类任务;⑤基于网格的聚类算法采用一个多分辨率的网格数据结构,它将数据空间划分为有限单元（cell）的网络结构,并且所有的处理都是以单个的单元为对象;⑥基于模型的聚类算法是给每个簇假定一个模型,然后去寻找能够很好满足这个模型的数据集。

装备保障方案评价的研讨考虑到装备保障方案层次性特征,故采用 HAC

（合并型层次聚类）进行聚类分析。HAC 是一种自底向上的方法,将每一个对象看作一个聚类,把它们逐渐合并成越来越大的聚类。在每一层中,根据一些规则将距离最近的两个聚类合并,直到满足预先设定的终止条件。

根据 HAC 的原理,提出了基于 HAC 的装备保障方案评价研讨聚类模型,如图 3-4 所示。

图 3-4   基于 HAC 的专家意见聚类处理过程

该模型分为四个关键步骤:分词、提取特征词、相似度计算和聚类处理,前三步都是在为聚类处理做准备,HAC 的依据是相似度计算,相似度计算是模型比较关键的部分。由于装备保障方案评价研讨专家意见一般是以简单的句子给出,而直接对句子求解相似度难度较大,因此将其经过分词和提取特征词后转化为词语语义相似度进行求解。

1. 分词

研讨专家意见是以句子的形式存在的,后续需要计算专家意见之间的相似度,而句子之间的相似度是以词语之间的相似度为基础的。对于英文,词之间以空格进行分隔;对于中文,字和字之间没有间隔,有些是要有几个字组合在一起才能表达明确的意义。所以,对中文的理解,首先要将其切分为词语,因此对保障方案评价中得到的专家意见首先要进行分词。

现行的分词方法分为三类:基于规则、基于统计的分词方法和基于理解的分词方法。

（1）基于规则的分词方法也称机械分词法。它是按照一定的规则将待分析的句子与已建立的词典库进行匹配,若在词典库中找到对应的词语,则匹配成功。主要的方法是最大匹配法(Maximum Matching Method,MM)和逆向最大匹配法(Reverse Maximum Matching Method,RMM)。

（2）基于统计的分词方法。它是指由于词是稳定的字的组合,相邻的字同时出现的次数越多,就越有可能构成一个词,因此,字与字相邻共现的频率或概率能较好地反映成词的可信度。可以对待分对象中相邻共现的各个字的组合的频度进行统计,计算它们的互现信息,计算两个汉字的相邻共现率。互现信息体现了汉字之间结合关系的紧密程度,当紧密程度高于某一个阈值时,便可认为此字组可能构成了一个词。

(3)基于理解的分词方法。它是一种边切分边理解的分词方法。首先,建立一个包含所有可能出现的词和它们的各种语义信息的词典库;然后,对于待分的句子,按照某种原则切分子串,与词典库中的词相匹配以后,取出该词所有的语义信息,再进行语义分析,若语义分析正确,则匹配成功。

基于规则分词方法虽然需要建立词典库,但是总体来说比较简单,精度也不是很高。据统计,单纯使用正向最大匹配的错误率为 1/169,单纯使用逆向最大匹配的错误率为 1/245;基于统计的分词方法不用建立词典库,由于它是要根据上下文进行统计,因此用于段落分词要多一些;基于理解的分词法其实是用机器模拟了人对句子的理解过程,这种方法需要大量的语言知识和信息。

根据上述内容,由于装备保障方案评价研讨专家意见的结构比较明了和清晰,分词就变得相对比较容易。因此,这里采用基于规则分词法中相对精确的逆向最大匹配法来进行分词,提出了基于 RMM 装备保障方案评价研讨专家意见的分词方法。具体算法过程描述如下:

首先定义进程 P,其中 x 为待分词的装备保障方案评价研讨专家意见所包含的汉字个数,如图 3-5 所示。RMM 法的核心思想是将待分词的装备保障方案评价研讨专家意见与装备保障方案评价研讨专家意见词典库中的词条进行比对。然后定义预处理分词进程,引入一个计数参数 k,在将 k 置零后将待分的装备保障方案评价研讨专家意见与词典库进行比对。若能匹配成功,则直接形成分词结果;若匹配不成功时去掉最左边的一位,此时计数参数 $k=k+1$,取后 $x-k$ 位的装备保障方案评价研讨专家意见再进行匹配处理。若能成功匹配,则判断 k 是否为零,k 为零,表示待分词的装备保障方案评价研讨专家意见是一次匹配成功;若 k 不为零,则要将去掉的最左边的 k 为重新与装备保障方案评价研讨专家意见词典库进行比对,分词成功以后,输出分词结果。

在定义了预定义的分词进程 P 以后,假设装备保障方案评价研讨专家意见词典库中最长词条所包含的汉字个数为 a,待分词的装备保障方案评价研讨专家意见包含的汉字个数为 b。

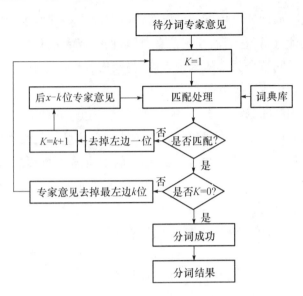

图 3-5　预定义的分词进程 P

（1）若 $a \geq b$，则表示待分词的装备保障方案评价研讨专家意见中的汉字个数小于词典库中的最长词条的汉字数，此时应该将整个装备保障方案评价研讨专家意见与装备保障方案评价研讨专家意见词典库进行匹配，利用预定义进程 P 得到分词的结果。

（2）若 $a < b$，则表示待分词的装备保障方案评价研讨专家意见中的汉字个数大于词典库中的最长词条的汉字数，此时应取装备保障方案评价研讨专家意见的后 a 个字进行分词，同样利用预定义进程 P 得到后 a 个字的分词结果；再取装备保障方案评价研讨专家意见剩余的 $b-a$ 个字，此时，需要比对 $b-a$ 与词典库中的最长词条的汉字数 a 的大小关系。当 $b-a \leq a$ 时，则可以直接将装备保障方案评价研讨专家意见剩余的 $b-a$ 个字与词典库进行匹配，进行分词处理；当 $(b-a) > a$ 时，这样就与前述的 $a < b$ 的情况一样。因此，返回计算，则需要重新取剩余装备保障方案评价研讨专家意见 $b-a$ 个字的后 a 个字进行分词处理。需要注意的是，在 $a < b$ 的条件下，最终需要将所得的分词结果进行合并，得到一个完整的分词结果。

2. 特征词提取

将装备保障方案评价专家意见的结构分为三部分，即关键词、属性词和程度词。关键词是研讨专家意见中涉及装备保障方案的中心词;属性词是装备保障方案所描述对象的某一具体属性;程度词是所述装备保障方案评价研讨专家意见所要达到的目标。装备保障方案评价研讨专家意见特征值提取就是区分关键词、属性词和核心词,它们是装备保障方案评价研讨专家意见的主要内容,也是进行相似度计算时的重要指标。

例如,装备损坏率是保障部门主要关注的,作为组织装备维修保障(确定保障装备数、组织维修人员调配和维修器材供应保障)的基本依据。装备战损率与损坏率的关系是指挥与保障部门共同关注的,因此,装备战损率和装备损坏率就作为研讨过程中的关键词。词典里同样设定相应的属性词和程度词,研讨系统通过提取研讨过程中的特征词将专家关心的装备保障方案重点问题提炼出来。

虽然装备保障方案评价研讨专家意见的表述已经是比较扼要,但分词进行完成后,还会有一些与关键词、属性词和程度词无关的一些助词和副词等。因此,在进行特征值提取时,需要将这些与装备保障方案评价研讨专家意见主要内容意义表达无关的词去掉。

3. 相似度计算

研讨专家的意见包括关键词、属性词和程度词三部分结构,装备保障方案评价研讨专家意见相似度计算的核心就是这三个词语之间的相似度计算。根据装备保障方案评价研讨专家意见词语相似度计算的特点,这里提出了基于知网的装备保障方案评价研讨专家意见语义相似度计算方法。

装备保障方案评价研讨专家意见包含三部分词语,本书所计算的研讨专家意见词语相似度,是指同类词语的相似度,如关键词与关键词的相似度,属性词与属性词的相似度;而程度词是一些指标和目标方面的描述,可能是一些具体的数字,也可能是一些程度上的定性描述,所以计算它的相似度对装备保障方案评价研讨专家意见的相似度意义不大。因此,基于知网的装备保障方案评价研讨专家意见语义相似度计算方法计算的是关键词和关键词以及属性词和属性词的相似度,分别计算出其相似度后,再对二者进行加权处理,得到装备保障方案评价研讨专家意见的相似度。

知网是一个以汉语和英语的词语所代表的概念为描述对象,以揭示概念与概念之间以及概念所具有的属性之间的关系为基本内容的装备保障知识库。

知网中最基本的概念是"义项"和"义原":义项是对词汇语义的一种描述,每一个词可以表达为几个义项;义原是用来描述义项的最小意义单位,每个词语都需要用若干个义原来进行描述和定义。知网对词语的定义方式采用的是义原树,义原树就是将描述词语的所有义原用树状结构组织起来,知网共采用的义原项有 1500 项以上,其组合形成了对词语的定义。

1) 词语相似度

假设有词语 W_1 和 W_2:

W_1 的义项有 n 个:$F_{11}, F_{12}, \cdots, F_{1n}$,用 F_{1i} 表示 $(i = 1, 2, \cdots, n)$

W_2 的义项有 m 个:$F_{21}, F_{22}, \cdots, F_{2n}$,用 F_{2j} 表示 $(j = 1, 2, \cdots, m)$

词语 W_1 和 W_2 的相似度 $\mathrm{Sim}W(W_1, W_2)$ 的表达式为

$$\mathrm{Sim}W(W_1, W_2) = \max_{i = 1, 2, \cdots, n; j = 1, 2, \cdots, m} \mathrm{Sim}F(F_{1i}, F_{2j}) \qquad (3-12)$$

其含义是,两个词语 W_1 和 W_2 的相似度 $\mathrm{Sim}W(W_1, W_2)$ 等于二者各义项之间相似度 $\mathrm{Sim}F(F_{1i}, F_{2j})$ 的最大值。

由于义项是用多个义原描述的,所以义原的相似度计算是目前需要考虑的问题。

两个义原 T_1、T_2 的相似度 $\mathrm{Sim}T(T_1, T_2)$ 的表达式为

$$\mathrm{Sim}T(T_1, T_2) = \alpha / (d + \alpha) \qquad (3-13)$$

式中:d 为 T_1、T_2 在义原层次体系中的路径长度,是一个正整数;α 为一个可调节的参数,其含义是相似度为 0.5 时的路径长度。

在知网中,将实词的语义表达分为四个部分。

(1) 第一独立义原描述式:将两个义项的这一部分的相似度记为 $\mathrm{Sim}T_1(T_1, T_2)$。

(2) 其他独立义原描述式:语义表达式中除第一独立义原以外的所有其他独立义原(或具体词),将两个义项的这一部分的相似度记为 $\mathrm{Sim}T_2(T_1, T_2)$。

(3) 关系义原描述式:语义表达式中所有的用关系义原描述式,将两个义项的这一部分的相似度记为 $\mathrm{Sim}T_3(T_1, T_2)$。

(4) 符号义原描述式:语义表达式中所有的用符号义原描述式,将两个义项的这一部分的相似度记为 $\mathrm{Sim}T_4(T_1, T_2)$。

在此定义的基础上,义项 F_1 和 F_2 的语义相似度 $\mathrm{Sim}F(F_1, F_2)$ 的表达式为

$$\text{Sim}T(F_1, F_2) = \sum_{i=1}^{4} \beta_i \prod_{j=1}^{i} \text{Sim}T(T_1, T_2) \tag{3-14}$$

式中: $\beta_i (1 \leqslant i \leqslant 4)$ 为各义原的调节参数, 且 $\beta_1 + \beta_2 + \beta_3 + \beta_4 = 1$, $\beta_1 \geqslant \beta_2 \geqslant \beta_3 \geqslant \beta_4$, 表示从第一独立义原到符号义原的相似度对整个义项的相似度依次递减, 第一独立义原对义项相似度影响最大, 因此 β_1 比较大, $\beta_1 > 0.5$。

2) 装备保障方案评价研讨专家意见相似度

对于装备保障方案评价研讨专家意见, 分别计算出对应的关键词和关键词, 属性词和属性词之间的相似度后, 就可以计算整个装备保障方案评价研讨专家意见的相似度。

假设两个研讨专家意见为 V_1 和 V_2, V_1 的关键词和属性为 W_{11} 和 W_{12}, V_2 的关键词和属性为 W_{21} 和 W_{22}, 那么装备保障方案评价研讨专家意见求 V_1 和 V_2 的相似度 $\text{Sim}V(V_1, V_2)$ 的表达式为

$$\text{Sim}V(V_1, V_2) = \gamma_1 \text{Sim}W(W_{11}, W_{21}) + \gamma_2 \text{Sim}W(W_{12}, W_{22}) \tag{3-15}$$

式中: γ 为关键词和属性词的在计算相似度时的权重, 根据实际情况确定。

4. 聚类处理

聚类处理是将研讨专家意见归类的一个过程。首先, 对装备保障方案评价研讨专家意见聚类处理做如下假设:

(1) 装备保障方案评价研讨专家意见集 $V = \{V_1, V_2, \cdots, V_i, \cdots, V_n\}$。

(2) 将 V 中的每个装备保障方案评价研讨专家意见 V_i 都看作是一个包括单个装备保障方案评价研讨专家意见的类 $C_i = \{V_i\}$, 因此, 这些类构成了 V 的一个聚类 $C = \{C_1, C_2, \cdots, C_i, \cdots, C_n\}$。

(3) 设 t 为相似度阈值, 当两个装备保障方案评价研讨专家意见相似度不小于 t 时, 才符合聚类基本条件, 才可能归为一类; 当两个装备保障方案评价研讨专家意见相似度大于 t 时, 则认为二者属于同一类。

聚类处理算法处理过程如下:

(1) 计算其他聚类 $C_j(j \neq i)$ 分别与 C_i 的相似度 $\text{Sim}V(V_i, V_j)$, 计算出的相似度有 $n-1$ 个。

(2) 判断 $\text{Sim}C(C_i, C_j)$ 是否达到相似度阈值要求, 若 $\text{Sim}C(C_i, C_j) \geqslant t$, 则将其列为可能相似的对象; 若 $\text{Sim}C(C_i, C_j) < t$, 则二者肯定不相似。

(3) 取满足相似度阈值要求的 $\text{Sim}C(C_i, C_j)$, 取它们中的最大值即

max $\text{Sim}C(C_i, C_j)$，将二者聚为一类 C_iC_j。

（4）将新的 C_iC_j 归类继续与其他类进行聚类，设 C_iC_j 与 C_k（C_k 为其他任一类），则分别计算 $\text{Sim}C(C_i, C_k)$ 和 $\text{Sim}C(C_j, C_k)$，取二者均值 $\text{Average} = [\text{Sim}C(C_i, C_k) + \text{Sim}C(C_j, C_k)]/2$。若 $\text{Average} \geq t$，则认为 C_k 与 C_iC_j 相似，将其聚为新类 $C_iC_jC_k$；若 $\text{Average} < t$，则认为 C_k 与 C_iC_j 不相似，不进行聚类。

（5）重复上述步骤，直至 C 中所有对象均不符合以上聚类条件，则聚类完成。

3.4.3 基于启发式算法的专家群体意见打分结果聚类法

通过自然语言聚类方法对专家提出的定性的保障方案评价任务的意见进行聚类后，研讨主持人将得到的结果提交给研讨专家继续讨论，引导专家得到更具有针对性的评价意见。针对其中的定性和定量化问题，由主持人交由专家打分或投票表决，这一过程必须反复进行，使专家形成较为集中的认识。

专家意见的启发式聚类算法可以描述为：研讨专家群体 $E = \{e_1, e_2, \cdots, e_m\}$（$m \geq 2$），对研讨主持人提出的方案集 $T = \{t_1, t_2, \cdots, t_n\}$（$n \geq 2$）做出判断。设专家群体 F 中的第 i 个专家对方案集 T 中的第 k 个备选方案给出的判断值为 p_k^i（$p_k^i \geq 0, 1 \leq i \leq m, 1 \leq k \leq n$），则称 $\boldsymbol{P}^i = (p_1^i, p_2^i, \cdots, p_n^i)$（$1 \leq i \leq m$）为第 i 个专家的偏好向量，它表示在该专家看来，各个备选方案的重要程度，专家可以用不同的方式表达自己的偏好。为了便于统一处理，需要对偏好向量进行规范处理，即 $\sum_{k=1}^{n} p_k^i = 1$。$\boldsymbol{P}^i$ 是一个 n 维向量，$\boldsymbol{P}^i \in \boldsymbol{R}^n$。专家群体偏好向量组成一个 $m \times n$ 决策矩阵。

在考虑专家权重的前提下，对各个专家偏好向量进行集结即得出群体偏好向量，记为

$$\boldsymbol{P}^g = \sum_{i=1}^{m} \text{Power}(i)\boldsymbol{P}^i$$

在进行聚类前，先定义专家偏好向量相似度。设两个专家的偏好向量分别为

$$\boldsymbol{P}^i = (p_1^i, p_2^i, \cdots, p_n^i), \boldsymbol{P}^j = (p_1^j, p_2^j, \cdots, p_n^j)$$

则

$$S(\boldsymbol{P}^i, \boldsymbol{P}^j) = (\boldsymbol{P}^i, \boldsymbol{P}^j) / (\|\boldsymbol{P}^i\| \cdot \|\boldsymbol{P}^j\|) \qquad (3-16)$$

式中:$(\boldsymbol{P}^i, \boldsymbol{P}^j)$ 为 $\boldsymbol{P}^i$ 和 $\boldsymbol{P}^j$ 向量内积;$\|\boldsymbol{P}^i\|$ 和 $\|\boldsymbol{P}^j\|$ 分别为向量 $\boldsymbol{P}^i$ 和 $\boldsymbol{P}^j$ 的范数(长度),$S(\boldsymbol{P}^i, \boldsymbol{P}^j)$ 称为专家 e_i 和 e_j 的偏好向量相似度,简记为 $S^{ij}(S^{ij} \in [0,1])$。

引入一个相似度阈值 $\delta(0 \le \delta \le 1)$,采用启发式聚类算法对专家群体进行聚类分析到子群体簇 $C = \{C_1, C_2, \cdots, C_Q\}$,$Q = |C| \le m$,其中 $|C|$ 为子群体个数,$C_i(1 \le Q \le m)$ 为第 i 个子群体。

算法　　启发式聚类算法

输入　　专家集合 $E = \{e_1, e_2, \cdots, e_m\}$($m \ge 2$)和专家偏好矢量相似度阈值 δ

输出　　子群体集合 $C = \{C_1, C_2, \cdots, C_Q\}$($1 \le Q \le m$)

```
BEGIN
    k = 1;
    C_k = {e_1};                    //将 e_1 放入第一个簇中
      FOR i = 2 to m                //依次考察剩下专家
    FOR r = 1 to k                  //计算专家 e_i 与已有的每个簇的专家平均相似度
        S^r = 0;
        FOR j = 1 to |C_r|          //依次取簇 C_r 中的成员 e_j
        IF(S^ij ≥ δ) S^r = S^r + S^ij
            ELSE
            S^r = 0;        //只要有一个相似度小于阈值,则置 S^r = 0;
                break;
    END IF
            S^r = S^r ∧ C_r|;       //求相似度平均值
            ENDFOR
        ENDFOR
    S^t = max(S^r);                 //取平均相似度最大的簇 C_t
        IF(S^t! = 0)
        C_t - C_t ∪ e_i;            //将 e_i 并入簇 C_t 中
        ELSE
        k = k + 1;
        C_k = {e_i};                //生成一个新簇 C_k 并将 e_i 并入其中
        END IF
    ENDFOR
```

END

这个算法的基本思想:首先把 E 的头一个元素 e_1 放到 C_1 簇中,E 中减去 e_1;然后循环取 E 的头一个元素 e_i,依次考察已存在的簇。如果存在一个簇 C_t,C_t 中的每个元素与 e_i 的相似度都大于等于 δ,且平均相似度最大,则把 e_i 放到 C_t 中,E 中减去 e_i;否则将 e_i 放入一个新的簇中,E 中减去 e_i,直到 E 为空为止。该算法需要对专家集扫描两次,因而算法的时间复杂度为 $O(n^2)$。

3.4.4 基于小波神经网络的专家群体意见统一收敛法

在利用启发式聚类算法将专家意见聚类成几个子群体的基础上,对专家意见进行统一。为了降低该过程中人为因素的干扰,引入了神经网络的思想,将各个子群体作为分析对象,与数据库中已有的案例进行对比,快速准确地得到统一的专家意见。普通的神经网络对网络的初始值异常敏感,不同的初始值会导致完全不同的结果,一旦取值不当,就会引起网络振荡而不能收敛,同时又极易陷入局部极值而无法得到最好的权值分布,最终影响网络泛化能力。为了克服上述问题,这里采用径向基小波神经网络建立意见统一模型。该方法引入小波变换的多分辨逼近能力,能够自适应地确定最优分解层数,提高了专家意见收敛的速度,改善了意见统一的精度。

1. 小波神经网络方法

小波神经网络引入小波变换的多分辨逼近能力,能够自适应地确定最优分解层数。同时,可以通过选择网络的分解层数达到控制网络的精度的目的,可以在训练时间和训练精度之间进行权衡。

小波神经网络结构如图 3 - 6 所示。

小波变换的多分辨率函数逼近可表示为

$$f(x) \approx \sum_{k}^{N_L} c_{L,k} \varphi_{L,k}(x) + \sum_{j=1}^{L} \sum_{k}^{N_j} d_{j,k} \psi_{j,k}(x) \qquad (3-17)$$

式中:$c_{j,n} = <f, \varphi_{j,n}>$,$d_{j,n} = <f, \psi_{j,n}>$;$L$ 为分解层数;N_j 为对函数 f 进行 j 层小波分解时的小波函数个数。该函数可以通过有限数量的多分辨率基函数进行逼近。

选择高斯径向基函数(RBF)作为尺度函数,即

$$\varphi(x) = \exp\left(\frac{\|x - c\|^2}{2\sigma^2}\right)$$

式中:c 代表中心位置;σ^2 为函数的宽度。

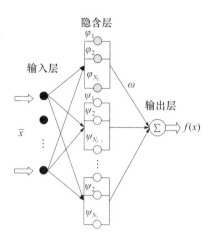

图 3 - 6　小波神经网络结构

墨西哥帽小波为

$$\psi(x) = (1 - x^2)\exp\left(\frac{\|x - c\|^2}{2\sigma^2}\right)$$

作为小波函数,该小波框架满足允许条件和框架性质,在时域和频域快速衰减,框架常数非常接近 1。上式写成径向基函数形式为

$$f(\bar{x})s_{0,k}\varphi_{0,k} = \sum_k s_k^0 \varphi_k^0(\|\bar{x} - \bar{c}_k\|)$$

$$\approx \underbrace{\sum_{k=1}^{N_L} s_{L,k}\varphi_{L,k}(\|\bar{x} - \bar{c}_k\|)}_{\text{粗糙逼近}} + \underbrace{\sum_{j=1}^{L}\sum_{k=1}^{N_j} d_{j,k}\psi_{j,k}(\|\bar{x} - \bar{c}_{j,k}\|)}_{\text{精细逼近}}$$

$$(3 - 18)$$

式中:s 和 d 为 小 波 参 数;c_i 为 基 函 数 的 中 心。$\|\bar{x} - \bar{c}\| = \sqrt{(x_1 - c_1)^2 + (x_2 - c_2)^2 + \cdots + (x_n - c_n)^2}$ 中第一部分为粗糙估计,第二部分为从分辨率 1 到分辨率 L 的细节信息。

这时,分辨率 j 时的扩展和平移 $2^{-j}n$ 可以写成如下无压缩无平移的尺度函数 $\varphi(t,\sigma)$ 和小波函数 $\psi(t,\sigma)$,即

$$\begin{cases} \varphi_{2j}(t,\sigma) = \varphi\left(t - 2^{-j}n, \dfrac{\sigma}{2^j}\right) \\[2ex] \psi_{2j}(t,\sigma) = \psi\left(t - 2^{-j}n, \dfrac{\sigma}{2^j}\right) \end{cases} \qquad (3-19)$$

径向小波神经网络的训练实质上包括确定基函数的中心 $c_{j,k}$ 和宽度 $\sigma_{j,k}$，确定总分解层数 L 和每个分辨率的基函数数量 N_j，以及网络权值。径向小波神经网络的训练过程如图 3-7 所示。

（1）初始化网络，确定粗略逼近中小波函数个数 N_i，初始分解层数 L。

（2）采用 K 均值聚类算法选择基函数中心 $c_{j,k}$ 和宽度 $\sigma_{j,k}$。

（3）计算网络权值。

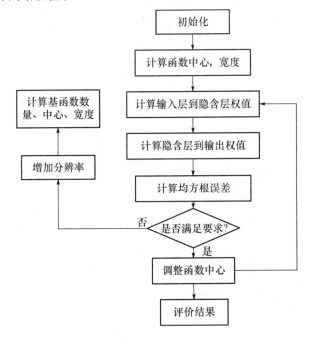

图 3-7　径向小波神经网络的训练过程

通过使预测输出 $\hat{F}$ 与期望输出 F 之间的 L^2 范数 $\|F-\hat{F}\|^2$ 最小，可以得到网络的权值。由式(3-19)，网络的粗糙逼近加上 L 层精细分解，输出为

$$\hat{F} = [\varphi^0\psi^1\cdots\psi^M][w^0 w^1\cdots w^L]^{\mathrm{T}} = \boldsymbol{B}\cdot\boldsymbol{W} \qquad (3-20)$$

式中：$\boldsymbol{B}$ 为 $r\times p$ 矩阵（r 为训练样本数，p 为基函数数量），表示输入层和隐含层

之间的权值;$\boldsymbol{W}$ 为 $p \times q$ 矩阵(q 为输出节点数量),表示隐含层和输出层之间的权值。

未知的输出权值矩阵可以通过采用最小二乘法得到,即

$$\boldsymbol{W} = \min \| \boldsymbol{F} - \boldsymbol{BW} \|^2 \tag{3-21}$$

引入伪逆法,得到

$$\boldsymbol{W} = (\boldsymbol{B}^{\mathrm{T}} \boldsymbol{B})^{-1} \boldsymbol{B}^{\mathrm{T}} \boldsymbol{F} = \boldsymbol{B}^{+} \boldsymbol{F} \tag{3-22}$$

式中:$\boldsymbol{B}^{+}$ 为 $\boldsymbol{B}$ 的伪逆矩阵。

(4)判断是否满足训练终止条件,是,则结束训练;否,则增加分阶层住,转至步骤(2)。

训练终止条件为,当整体方差增加或者基函数数量超过训练样本数量时停止该重复过程。

第4章　基于定性定量方法的装备保障方案合理性评价

4.1　装备保障方案合理性评价体系构建

4.1.1　装备保障方案合理性评价体系分析

　　装备保障方案合理性评价目标主要是用于评价装备机关所拟制的装备保障方案的合理程度、适用程度,即现有装备保障能力和客观条件能否满足相应的需求。装备保障方案完整性反映的是要素的齐全,其顶层要素包括:保障指挥、保障力量部署、维修保障、器材保障、弹药保障、运力保障、防卫保障、通信保障。装备保障方案合理性是在完整性的基础上判断各要素是否合理,因此其顶层要素的合理性关注的是:保障指挥渠道是否畅通、保障力量部署是否合理、维修保障是否合理、器材保障是否合理、弹药保障是否合理、运力保障是否充分、防卫保障是否得当、通信保障是否顺畅。由此,可以建立装备保障方案合理性的顶层评价体系,如图4-1所示。

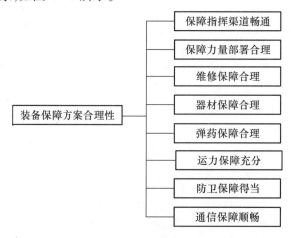

图4-1　装备保障方案合理性顶层评价体系

1. 保障指挥要求评价体系

保障指挥评价时关注的是保障指挥渠道的畅通情况,评价保障指挥渠道是否畅通可以从以下几个方面来分析,首先,要保证有完备明确的保障指挥关系,因为如果保障指挥关系不明或不完整,保障指挥渠道畅通就无从谈起;其次,从保障指挥机构的角度来看,要保证保障指挥渠道畅通,保障指挥机构必须能够保持高效率的运转,这和保障指挥机构编组的优劣直接相关。此外,保障指挥机构的设置地点应当隐蔽、安全,即使在遭受敌方攻击时,也要能够迅速反应,有效转移,及时恢复保障指挥机构的运行。

通过上述分析,结合保障指挥组成要素的考虑,建立起如图 4 - 2 所示的保障指挥要求评价体系,包括:保障指挥关系完备明确、保障指挥机构设置合理、保障指挥机构配置地点可行,保障指挥机构的抗毁性以及保障指挥机构转移有效性。

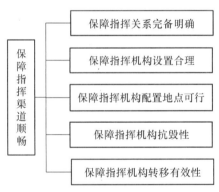

图 4 - 2　保障指挥要求评价体系

（1）保障指挥关系完备明确,是从整体关系的角度考虑保障指挥渠道是否畅通。对于装备保障指挥关系是否完备明确,可以从以下几个方面进行判断:直接指挥关系、指导与协调关系、协同支援关系和协商保障关系。

（2）保障指挥机构设置合理,是指从保障指挥力量的能力是否与指挥任务的需要相匹配的角度考虑是否影响到保障指挥渠道的畅通。对于保障指挥机构设置情况,可以从以下几个方面进行判断:保障指挥机构编组方式满足部队保障指挥需求,是否与现有的保障指挥能力相协调,装备保障指挥席位及数量的设置合理。

（3）保障指挥机构配置地点可行,是指从保障指挥机构所处的环境是否安全便利的角度考虑是否影响到保障指挥渠道的畅通。保障指挥机构配置地点是否可行,可以从以下几个方面进行判断:配置地点合适,配置地域面积满足指挥机构的开设要求,配置地域的隐蔽性,配置地域地质的安全性,配置地域交通便利、配置地域水源充足等。

（4）保障指挥机构抗毁性,是指从保障指挥机构安全以及受损后的再生能力的角度考虑是否影响到保障指挥渠道的畅通。保障指挥机构的抗毁性,可以从以下几个方面进行判断:指挥机构各项功能的恢复再生能力,指挥机构隐蔽手段等。

（5）保障指挥机构转移有效性,是指从保障指挥机构机动能力和安全的角度考虑是否影响到保障指挥渠道的畅通。保障指挥转移是否有效,可以从以下几个方面进行判断:转移方式(时机、路线和顺序)合理,转移过程中的安全性,到达目的地后展开及时。

图4-3所示为保障指挥要求评价体系准则。

保障指挥关系完备明确	保障指挥机构设置合理	保障指挥机构配置地点可行	保障指挥机构抗毁性	保障指挥机构转移有效性
•直接指挥关系 •指导与协调关系 •协同支援关系 •协商保障关系	•保障指挥机构编组方式满足部队保障指挥需求 •保障指挥机构设置与现有保障指挥能力相协调 •装备保障指挥席位及数量设置合理	•配置地点合适 •配置地域面积满足指挥机构的开设要求 •配置地域的隐蔽性 •配置地域地质的安全性 •配置地域交通便利 •配置地域水源充足	•主要功能(指挥、通信、情报等)的恢复再生能力 •其他功能恢复再生能力 •恢复后指挥机构的伪装情况	•转移方式(时机、路线和顺序)合理 •转移过程中的安全性 •到达目的地后展开及时

图4-3 保障指挥要求评价体系评判准则

2. 保障力量部署要求评价体系

保障力量部署评价时关注的是保障力量部署的合理性,评价保障力量部署是否合理,可以从以下几个方面进行分析。首先,要保证合理地将现有的保障力量进行编组,编组是保障力量部署是否合理的基础;其次,在编组的基础上,将编组后的各保障力量进行部署,部署后的保障力量必须利于对部队实施保障,这就要求在部署形式上要合理性,且保障力量部署的地域要安全、便利,使保障力量能够有效地开展保障工作。

通过上述分析,结合保障力量编组要素的考虑,建立起如图4-4所示的保障力量编组要求评价体系,包括:保障力量部署样式合理,保障力量编组方式合理,保障力量配置地域可行。

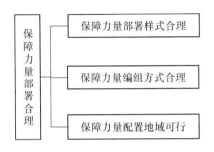

图 4 - 4　保障力量部署要求评价体系

(1)保障力量部署样式合理,是指从具体的部署样式是否满足保障任务需要的角度考虑是否影响到保障力量部署的合理。对于保障力量部署样式是否合理,可以从以下几个方面进行判断:与作战部署样式相适应,与现有的保障规模相匹配,利于保障力量之间的衔接,充分考虑了敌方的威胁程度,战场自然地理环境良好。

(2)保障力量编组方式合理,是指从各保障力量编组后的能力是否满足保障任务需求的角度考虑是否影响到保障力量部署的合理。对于保障力量编组方式是否合理,可以从以下几个方面进行判断:满足部队作战行动与保障任务的需要,考虑重点作战方向、兼顾一般作战方向,照顾原有力量建制,考虑专业对口与综合配套。

(3)保障力量配置地域可行,是指从部署的地域是否安全便利的的角度考虑是否影响到保障力量部署的合理。对于保障力量配置地域是否可行,可以从以下几个方面进行判断:配置地点合适,配置地域面积符合开设要求,配置地域隐蔽,配置地域地质安全,配置地域交通便利,配置地域水源充足。

图 4 - 5 所示为保障力量部署要求评判准则。

3. 维修保障要求评价体系

维修保障评价时关注的是维修保障的合理性。评价维修保障是否合理,可以从以下几个方面进行分析:首先要有完备明确的维修保障关系,这是开展装备维修保障工作的基础;其次从维修保障机构的角度来看,要保证维修保障的合理性,必须使维修保障机构能够高效的维修保障工作,这和维修保障机构的

保障力量部署样式合理	保障力量编组方式合理	保障力量配置地域可行
• 与作战部署样式相适应 • 与现有保障力量规模相匹配 • 利于保障力量之间的衔接 • 充分考虑敌方的威胁程度 • 战场自然地理环境良好	• 满足部队作战行动与保障任务的需要 • 考虑重点作战方向、兼顾一般作战方向 • 照顾原有力量建制 • 考虑专业对口与综合配套	• 配置地点合适 • 配置地域面积符合开设要求 • 配置地域隐蔽 • 配置地点地质安全 • 配置地域交通便利 • 配置地域水源充足

图 4 – 5　保障力量部署要求评价体系评判准则

编组的优劣以及配置地点的安全便利情况息息相关,此外分配给维修保障机构的任务需在其保障能力之内。

通过上述分析,结合维修保障要素的考虑,建立起如图 4 – 6 所示的维修保障要求评价体系,包括:维修保障关系完备明确,维修机构配置地点可行,维修任务分工合理,维修保障机构编组合理。

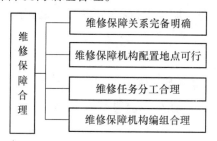

图 4 – 6　维修保障要求评价体系

(1) 维修保障关系完备明确,是指从整体的角度进行考虑是否影响维修保障的合理。对于维修保障关系是否完备明确,可以从以下几种关系的完备明确性进行判断:本级隶属部队的维修保障关系,上级配属部队的维修保障关系,地方支援部队的维修保障关系,友邻单位支援部队的维修保障关系。

(2) 维修保障机构配置地点可行,是指从维修机构所处环境安全便利的角度考虑是否影响到维修保障的合理。维修机构配置地点是否可行,可以从以下几个方面进行判断:配置地点合适,配置地域面积符合维修机构开设要求,配置地域隐蔽,配置地域地质安全,配置地域交通便利,配置地域水源充足。

（3）维修任务分工合理,是指从维修保障任务分配是否科学的的角度考虑是否影响到维修保障的合理。维修任务分工是否合理,可以从以下几个方面进行判断:维修任务量预计科学,与现有维修能力匹配,与部队保障需求协调。

（4）维修保障机构编组合理,是指从编组后的能力是否满足维修保障任务需求的角度考虑是否影响到维修保障的合理。维修机构编组是否合理,可以从以下几个方面进行考虑:维修人员预计科学,维修设备/工具预计科学,维修机构能力符合维修任务分工需求。

图 4 - 7 所示为维修保障要求评价体系评判准则。

维修保障关系完备明确	维修保障机构 配置地点可行	维修任务 分工合理	维修保障机构 编组合理
• 本级隶属部队的维修保障关系 • 上级配属部队的维修保障关系 • 地方支援部队的维修保障关系 • 友邻单位支援部队的维修保障关系	• 配置地点合适 • 配置地域面积符合维修机构开设要求 • 配置地点隐蔽 • 配置地点地质安全 • 配置地域交通便利 • 配置地域水源充足	• 维修任务量预计科学 • 与现有维修能力匹配 • 与部队保障需求协调	• 维修人员预计科学 • 维修设备/工具预计科学 • 维修机构能力符合维修任务分工需求

图 4 - 7　维修保障要求评价体系评判准则

4. 器材保障要求评价体系

器材保障评价时关注的器材保障的合理性,评价器材保障是否合理,可以从以下几个方面进行分析:首先,必须有完备明确的器材保障关系,这是进行器材保障的基础;其次,对于器材保障机构,能够高效地实施和开展器材保障工作,与器材机构的编组情况和配置地点安全便利情况是分不开的;最后,器材保障任务要能够及时的完成,而这与器材的储备和补充情况是分不开的。

通过上述分析,结合器材保障组成要素的考虑,建立起如图 4 - 8 所示的器材保障要求评价体系,包括:器材保障关系完备明确,器材保障机构配置可行,器材保障机构编组合理,器材的储备与补充合适。

（1）器材保障关系完备明确,是指从整体的角度考虑是否影响到器材保障的合理。对于器材保障关系是否完备明确,可以从以下几种关系的完备明确性进行判断:本级隶属部队的器材保障关系,上级配属部队的器材保障关系,地方

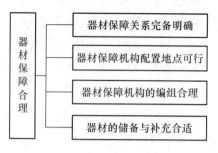

图 4 - 8　器材保障要求评价体系

支援部队的器材保障关系,友邻单位支援部队的器材保障关系。

（2）器材保障机构配置地点可行,是指从器材保障机构所处环境安全便利的角度考虑是否影响到器材保障的合理。器材保障机构配置地点可行,可以从以下几个方面进行判断:配置样式可行,配置地点合适,配置地域面积符合维修机构开设要求,配置地域隐蔽,配置地域地质安全,配置地域交通便利,配置地域水源充足。

（3）器材保障机构编组合理,是指从编组后的器材保障能力是否满足器材保障任务需求的角度考虑是否影响到器材保障的合理。器材保障机构编组是否合理,可以从以下几个方面进行考虑:器材保障任务预计科学,器材保障人员专业、数量设置合理,设备/工具的种类、数量设置合理。

（4）器材的储备与补充合适,是指从器材种类、数量是否满足器材保障任务需求的角度考虑是否影响到器材保障的合理。器材的储备与补充是否合适,可以从以下几方面进行判断:器材需求量的预计科学,器材品种、数量储备适当,器材的补充方式合理。

图 4 - 9 所示为器材保障要求评价体系评判准则。

5. 弹药保障要求评价体系

弹药保障评价时关注的是弹药保障的合理性,评价弹药保障是否合理,可以从以下几个方面进行分析:首先,必须有完备明确的弹药保障关系,这是进行弹药保障的基础;其次,要保证弹药保障工作的高效的实施,这与弹药库编配后的保障能力、弹药库所处位置的安全便利情况息息相关;弹药本身是一种危险品,如果管理不当,则会影响到弹药的保障工作。且弹药保障是否及时,与弹药的储备与补充情况密切相关。

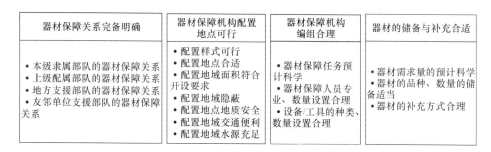

器材保障关系完备明确	器材保障机构配置地点可行	器材保障机构编组合理	器材的储备与补充合适
• 本级隶属部队的器材保障关系 • 上级配属部队的器材保障关系 • 地方支援部队的器材保障关系 • 友邻单位支援部队的器材保障关系	• 配置样式可行 • 配置地点合适 • 配置地域面积符合开设要求 • 配置地域隐蔽 • 配置地点地质安全 • 配置地域交通便利 • 配置地域水源充足	• 器材保障任务预计科学 • 器材保障人员专业、数量设置合理 • 设备/工具的种类、数量设置合理	• 器材需求量的预计科学 • 器材的品种、数量的储备适当 • 器材的补充方式合理

图 4 - 9　器材保障要求评价体系评判准则

通过上述分析,结合弹药保障组成要素的考虑,建立起如图 4 - 10 所示的弹药保障要求评价体系,包括:弹药保障关系完备明确,弹药库的编配合理,弹药库的管理落实,弹药的储备合理,弹药的补充适当。

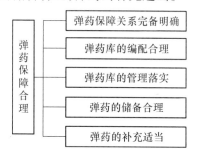

图 4 - 10　弹药保障要求评价体系

（1）弹药保障关系完备明确,是指从整体的角度考虑是否影响到弹药保障的合理。对于弹药保障关系是否完备明确,可以从以下几种关系完备明确性进行判断:本级隶属部队的弹药保障关系,上级配属部队的弹药保障关系,地方支援部队的弹药保障关系,友邻单位支援部队的弹药保障关系。

（2）弹药库的编配合理,是指从编配后的弹药保障能力以及弹药库位置安全便利的角度考虑是否影响到弹药保障的合理。弹药库的编配是否合理,可以从以下几方面进行考虑:弹药库保障人员/设备设置合理,配置地域隐蔽安全,配置地域交通便利,配置地域水源充足。

（3）弹药库的管理落实,是指从对弹药管理制度制定和执行情况的角度考虑是否影响到弹药保障的合理。弹药库的管理落实情况,可以从以下几方面进行考虑:弹药管理制度完善,弹药监控措施得当,弹药库条件设施符合规定。

（4）弹药的储备合理，是指从弹药种类、数量储备是否充足的角度考虑是否影响到弹药保障的合理。弹药的储备是否合理，可以从以下几方面进行考虑：弹药需求预计科学，现有弹药储备，加大弹药适当，加大弹药补充顺序合理，弹药消耗限额规定。

（5）弹药的补充适当，是指从弹药补充是否及时的角度考虑是否影响到弹药保障的合理。弹药的补充是否适当，可以从以下几方面进行考虑：弹药补充方式合理，弹药补充时机合适，弹药补充量考虑充分。

图4-11所示为弹药保障要求评价体系评判准则。

弹药保障关系 完备明确	弹药库的编配合理	弹药库的管理落实	弹药的储备合理	弹药的补充适当
• 本级隶属部队的弹药保障关系 • 上级配属部队的弹药保障关系 • 地方支援部队的弹药保障关系 • 友邻单位支援部队的弹药保障关系	• 弹药库保障人员/设备设置合理 • 配置地域隐蔽安全 • 配置地域交通便利 • 配置地域水源充足	• 弹药管理制度完善 • 弹药监控措施得当 • 弹药库条件设施符合规定	• 弹药需求预计科学 • 现有弹药储备 • 加大弹药适当 • 加大弹药补充顺序合理 • 弹药消耗限额规定	• 弹药补充方式合理 • 弹药补充时机合适 • 弹药补充量考虑充分

图4-11　弹药保障要求评价体系评判准则

6. 运力保障要求评价体系

运力保障评价时关注的是运力保障的充分情况。评价运力保障是否充分主要从两个方面进行分析：首先，要对可能的运力需求有准确的预计，根据预计的情况分析当前的运力是否充足；其次，运力保障能够高效的实施，这与编组后的运力保障能力息息相关。

通过上述分析，结合运力组成要素的考虑，建立起如图4-12所示的运力保障要求评价体系，包括运力需求预计准确和运力编组设置合理。

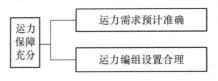

图4-12　运力保障要求评价体系

（1）运力需求预计准确，是指从现有运力情况是否满足运力保障任务需求的角度考虑是否影响到运力保障的充分。运力需求预计是否准确，可以从以下几个方面进行评判:弹药的运力需求预计科学,器材的运力需求预计科学,车辆的需求分析准确,油料的需求分析准确。

(2)运力编组设置合理,是指从编组后的能力是否满足运力保障任务需求的角度进行考虑是否影响到运力保障的充分。运力编组是否准确,可以从以下几个方面进行评判:符合现有的运力能力,与运力需求相协调,车辆、油料的设置科学,运输人员的设置科学。

图 4-13 为运力保障要求评价体系评判准则。

运力需求预计准确	运力编组设置合理
• 弹药的运力需求预计科学 • 器材的运力需求科学 • 车辆的需求分析准确 • 油料的需求分析准确	• 符合现有的运力能力 • 与运力需求相协调 • 车辆、油料的设置科学 • 运输人员的设置科学

图 4-13　运力保障要求评价体系评判准则

7. 防卫保障要求评价体系

防卫保障评价时关注的是防卫保障得当,评价防卫保障是否得当,可以从以下几个方面进行考虑:一是从能力角度来看,防卫保障力量的能力必须对其防卫的区域进行有效的防卫,这和防卫编组后的能力以及划分的区域是相关的;二是从效果出发,防卫保障力量能否进行有效防卫与其采用的措施和配置的地点是分不开的。

通过上述分析,结合防卫保障组成要素的考虑,建立起如图 4-14 所示的防卫保障要求评价体系,包括:防卫区划分合理,防卫力量编组适当,防卫力量配置地点合适,防卫措施与方法合理。

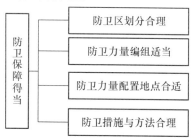

图 4-14　防卫保障要求评价体系

（1）防卫区划分合理，是指从防卫区域分配大小以及防卫任务的角度考虑是否影响防卫保障得当。防卫区划分是否合理，可以从以下几个方面进行评判：充分考虑可能的敌方威胁，防卫任务明确，防卫区域划分界面清晰，防卫重点突出。

（2）防卫力量编组适当，是指从编组后的能力是否满足防卫保障任务需求的角度考虑是否影响到防卫保障得当。防卫力量编组是否适当，可以从以下几个方面进行判断：考虑现有的防卫力量，考虑防卫任务量与防卫重点，防卫人员与装备的设置可行。

（3）防卫力量配置地点合适，是指从防卫力量配置地点能否进行有效防卫的角度考虑是否影响防卫保障得当。考虑防卫保障是否得当，防卫力量配置地点是否合适，可以从以下几个方面进行判断：专职力量配置在指挥机构和重要库所附近，兼职力量配置在本单位地域内，预备力量配置在便于机动、支援的位置。

（4）防卫措施与方法合理，是指从防卫手段是否能进行有效防卫的角度考虑是否影响防卫保障得当。防卫措施与方法是否合理，可以从以下几个方面进行判断：防敌侦查与监视措施与方法，防敌活力打击措施与方法，防敌地面突袭措施与方法，防敌空降袭击措施与方法，防敌电子干扰措施与方法。

图 4－15 所示为防卫保障要求评价体系评判准则。

防卫区划分合理	防卫力量编组适当	防卫力量配置地点合适	防卫措施与方法合理
• 充分考虑可能的敌方威胁 • 防卫任务明确 • 防卫区域划分界面清晰 • 防卫重点突出	• 考虑现有的防卫力量 • 考虑防卫任务量与防卫重点 • 防卫人员与装备的设置可行	• 专职力量配置在指挥机构和重要库所附近 • 兼职力量配置在本单位地域内 • 预备力量配置在便于机动、支援的位置	• 防敌侦查与监视措施与方法 • 防敌活力打击措施与方法 • 防敌地面突袭措施与方法 • 防敌空降袭击措施与方法 • 防敌电子干扰措施与方法

图 4－15　防卫保障要求评价体系评判准则

8. 通信保障要求评价体系

通信保障评价时关注的通信保障的畅通情况情况。评价运力保障是否畅通主要从两个方面进行分析：一是通信保障要能够有效的进行，这和通信保障力量的编组后的能力相关；二是通信保障作为重要的联络保障手段，必须配备多种联络方式,以保证通信保障的可靠。

通过上述分析,结合通信保障组成要素的考虑,建立起如图 4 - 16 所示的通信保障要求评价体系,包括:通信的编组设置合理,通信的方式选择合适。

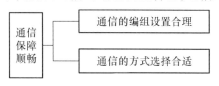

图 4 - 16　通信保障要求评价体系

(1) 通信的编组设置合理,是指从编组后通信力量的能力是否满足通信保障需求的角度,考虑是否影响到通信保障的顺畅。通信保障是否顺畅,可以从以下几个方面进行判断:通信保障任务预计科学,通信人员专业、数量的设置合理,通信装备的种类、数量的设置合理。

(2) 通信的方式选择合适,是指从采用的通信方式是否完备的角度考虑是否影响到通信保障是否顺畅。通信方式选择是否合适,可以从以下几个方面进行判断:无线通信方式,有线通信方式,运动通信方式。

图 4 - 17 所示为通信保障要求评价体系评判准则。

图 4 - 17　通信保障要求评价体系评判准则

4.1.2　装备保障方案合理性评价体系确定

根据 4.1.1 节的装备保障方案合理性评价体系的分析,建立了如图 4 - 18 所示的合理性评价体系。考虑到指标体系的简洁性对计算方法的影响,指标体系仅建立到第二层次,没有往下构建,这里对底层指标的影响因素分析可作为后续评价工作中的评判准则。

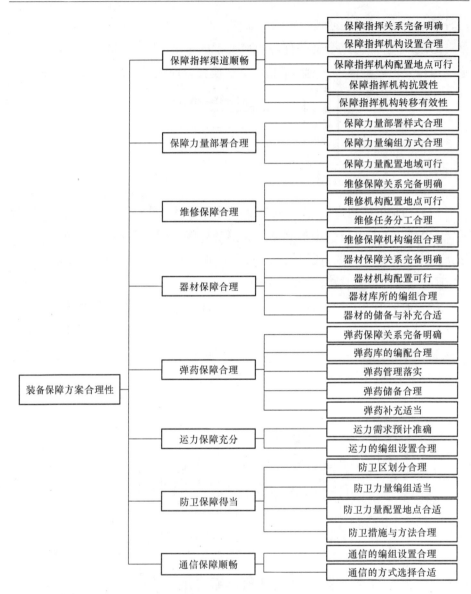

图 4-18 装备保障方案合理性评价体系

4.2 方法的适用性分析

定性/定量相结合的综合评价方法是指根据不同的评价目的,选择的多个因素或指标,并通过一定的评价方法,将多个评价因素或指标转化为能反映评价对象总体特征信息的方法。经过多年的发展,定性/定量综合评价方法已经发展为近 30 种方法,例如,加权法、加权积法、理想点法、字典序法、AHP 法、ELECTRE 法、主成分分析法、因子分析法、聚类分析法、判别分析法、模糊综合评价法、灰色关联分析法、粗糙集评估法、云评估法、突变级数法、集对分析法、证据推理理论评估法、物元分析法、遗传算法、支持向量机法、关联矩阵法(ADC法)、模糊积分、可拓工程方法、信息熵、PROMETHEE 法、数据包络分析DEA 等。

　　这些方法解决问题的针对性很强,各方法的应用差异主要体现在:一是评价指标之间的相互独立与否;二是备选评价方案的样本量的多少;三是评价指标之间的各项权重;四是评价中是否涉及不确定性问题等四个方面。

　　针对装备保障方案评价而言,大部分方法都可以适用。对于装备保障方案的合理评价而言,由于评价体系已经明确,保障方案的层次划分也比较明确,但是评价指标间的相互关系不明确,各级指标间的权重尚不明确,因此可以考虑模糊综合评价方法。

4.3　基于模糊综合的装备保障方案的合理性评价方法

4.3.1　模糊综合评价法基本原理

　　由于描述装备保障方案合理性的评价要求之间不能建立起明确的关系,所以只能通过定性比较才能判断出合理程度,因此判断过程存在一定的不确定性;并且基于定性判断的方式,不同认知程度的人员做出的判断也不一样,存在一定的主观性;另外,判断比较也不能简单地采用“好”或“不好”作为结论,因此这里选择采用模糊综合评价的方法来确定装备保障方案合理性的优劣程度。

　　模糊综合评价法的一般操作过程如下:

　　(1)建立评价对象因素集 U。因素就是对象的各种属性和性能,在不同的场合,也称为参数指标或质量指标,它们能综合反映出对象的质量,因而可由这些因素来评价对象。

（2）建立评语集 V，如某项指标的好坏，评语集是等级的集合。

（3）确定指标权重 W。运用某种方法对建立的指标集赋予权重。

（4）建立模糊评判矩阵。建立一个从 U 到 $F(V)$ 的映射 f，通过 f 可以诱导出模糊评判矩阵 R，于是 (U,V,R) 构成一个综合评判矩阵。

（5）综合评价。依据综合评价模型 $B = W \Theta R$ 对评价目标进行评价，其中"Θ"为模糊合成算子。

可见，在模糊综合评价法中最关键的环节是权重 W 的确定，以及建立映射 f，并进一步建立模糊评判矩阵 R，但这两项工作又没有统一的格式可以遵循，一般是采用统计试验或专家评分的方法求出。

4.3.2 保障方案合理性评价体系权重确定

常用的权重确定方法有主观经验法、专家调查赋权法、德尔菲赋权法等，这三种方法操作性好，但主观性强，存在权重确定随意性大的问题。这里通过 AHP 法确定评价体系的权重，该方法能够比较全面地考虑影响保障方案合理性的各个因素。在使用 AHP 法确定评价体系权重过程中，引入了专家权重因素，使评价体系中各指标权重的设置更加客观。确定装备保障方案合理性评价体系权重的主要步骤如下。

1. 建立层次分析结构

所建的层次分析结构中：目标层是装备保障方案合理性评价目标；中间层是 8 个一级指标；底层即准则层是 8 个中间层指标对应的各二级指标，所建立的层次分析结构如图 4 – 19 所示。

2. 建立判断矩阵

分析上述的层次结构，发现装备保障方案合理性评价体系具有一定的结构化，底层的二级指标并不对方案合理性评价的中间层产生一对一的影响，实际上本身已做出了适当的归类，例如，"保障指挥关系完备明确，保障指挥设置合理，保障指挥机构配置地点可行，保障指挥机构抗毁性，保障指挥机构转移有效五个指标只影响保障指挥渠道畅通，而并不对保障力量部署等其他中间层指标产生影响。同理，其他底层指标也是如此，在建立评判矩阵时大大简化了矩阵的规模。

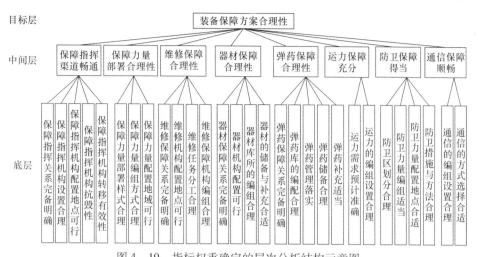

图 4-19　指标权重确定的层次分析结构示意图

对于每一个中间层(一级)指标,建立底层(二级)指标对它的影响,该影响通过专家的比较得到,每个专家的评判结果可构成一个矩阵,即

$$C_{ij}^{zk} = \begin{pmatrix} c_{11}^{zk} & \cdots & c_{1j}^{zk} & \cdots & c_{1n}^{zk} \\ \vdots & \ddots & \vdots & \ddots & \vdots \\ c_{i1}^{zk} & \cdots & c_{ij}^{zk} & \cdots & c_{in}^{zk} \\ \vdots & \ddots & \vdots & \ddots & \vdots \\ c_{n1}^{zk} & \cdots & c_{nj}^{zk} & \cdots & c_{nn}^{zk} \end{pmatrix} \qquad (4-1)$$

式中:C_{ij}^{zk} 为第 k 位专家(k 取值为 $\{1,2,\cdots,m\}$)在对中间层中第 z 个一级指标中所包含的第 i 个二级指标和第 j 个二级指标的比较结果;n 为第 z 个一级指标包含的二级指标的个数。

当 i 和 j 相等时,表示指标自身的比较,相应的比较值为 1;当 i 和 j 不相等时,比较值表示两个指标的重要性比值。

以保障指挥顺畅性为例,n 取值为 5,z 取值为 1,其中专家 k 给出的结果建立的判断矩阵为

$$C_{ij}^{1k} = \begin{pmatrix} 1 & 1/2 & 2 & 1/2 & 3 \\ 2 & 1 & 3 & 1 & 4 \\ 1/2 & 1/3 & 1 & 1/3 & 2 \\ 2 & 1 & 3 & 1 & 3 \\ 1/3 & 1/4 & 1/2 & 1/3 & 1 \end{pmatrix}$$

若有 m 位专家,则会给出 $C_{ij}^{z1},C_{ij}^{z2},\cdots,C_{ij}^{zm}$ 共 m 个评判结果。

3. 初始权重的计算

初始权重是指每位专家给出判断矩阵后,由判断矩阵计算出的该专家认为的指标权重。以保障指挥顺畅性为例,专家 k 给出了判断矩阵 C_{ij}^{1k},计算该矩阵的最大特征值 $\lambda_{\max}^{1k}$ 与特征向量 $\boldsymbol{\omega}_1^k$,特征向量 $\boldsymbol{\omega}_1^k$ 即为专家 k 对于保障指挥顺畅性指标的五个底层给出的权重向量,则该权重向量为专家 k 给出该指标的初始权重向量。初始权向量表示为

$$\boldsymbol{\omega}_1^k = (\omega_{11}^k \quad \omega_{12}^k \quad \omega_{13}^k \quad \omega_{14}^k \quad \omega_{15}^k) \tag{4-2}$$

式中:ω_{11}^k、ω_{12}^k、ω_{13}^k、ω_{14}^k、ω_{15}^k 分别为五个底层指标的初始权重。

对于专家 k 的评判结果,进行一致性检验。以保障指挥顺畅性为例,将其最大特征值 $\lambda_{\max}^{1k}$ 代入一致性指标公式 C.I. $= \lambda_{\max} \cdot n/(n-1)$($n$ 为判断矩阵的阶数),利用随机一致性指标 R.I. 和一致性比率 C.R. $=$ C.I. $/$R.I 对判断矩阵做一致性检验,随机一致性指标 R.I. 的值如表 4-1 所列。当 C.R. <0.1 时,则认为专家 k 的判断矩阵的一致程度可以接受;反之,则专家 k 的评判矩阵不能被接受,需要让该位专家重新构造判断矩阵,并重新判断新的判断矩阵的一致性。

表 4-1 随机一致性指标 R.I.

阶数 n	1	2	3	4	5	6	7	8	9	10	11
R.I.	0	0	0.58	0.90	1.12	1.24	1.32	1.41	1.45	1.49	1.51

4. 指标权重整合计算

如果每位专家的评判矩阵一致性都可接受,则每位专家的初始权重向量构成初始权重矩阵为

$$W' = \begin{pmatrix} w_1^1 & \cdots & w_1^k & \cdots & w_1^m \\ \vdots & \ddots & \vdots & \ddots & \vdots \\ w_i^1 & \cdots & w_i^k & \cdots & w_i^m \\ \vdots & \ddots & \vdots & \ddots & \vdots \\ w_n^1 & \cdots & w_n^k & \cdots & w_n^m \end{pmatrix} \tag{4-3}$$

式中:W' 为初始权重矩阵;w_i^k 为第 k 位专家对第 i 个二级指标确定的初始权重;n 为二级指标的个数。

以保障指挥顺畅性为例,则其初始权重矩阵为

$$W'_1 = \begin{pmatrix} w_{11}^1 & \cdots & w_{11}^k \\ \vdots & \ddots & \vdots \\ w_{15}^1 & \cdots & w_{15}^k \end{pmatrix} \tag{4-4}$$

由于专家在评判过程中带有很强的主观因素,为了弱化专家主观因素的影响,在确定指标权重值的过程中引入专家权重。专家权重的计算采用3.3.3 节中的方法,则最终指标的权重向量为

$$W = PW'^{\mathrm{T}} = \begin{bmatrix} p(v_1) & p(v_2) & \cdots & p(v_k) \end{bmatrix} \begin{pmatrix} w_1^1 & \cdots & w_1^k \\ \vdots & \ddots & \vdots \\ w_n^1 & \cdots & w_n^k \end{pmatrix}^{\mathrm{T}}$$

$$= \begin{bmatrix} w_1 & w_1 & \cdots & w_n \end{bmatrix} \tag{4-5}$$

式中:P 为专家权重向量;W 为最终指标的权重向量。

在确定指标的权重过程中,涉及大量的矩阵计算,可利用 Matlab,最终确定的各级评价指标权重如表4-2所列。

表4-2　装备保障方案合理性各级评价指标的权重

评价目标	一级指标	权重	二级指标	权重
装备保障方案合理性	保障指挥渠道畅通	0.096	保障指挥关系完备明确	0.257
			保障指挥机构设置合理	0.231
			保障指挥机构配置地点可行	0.211
			保障指挥机构抗毁性	0.142
			保障指挥机构转移有效性	0.159
	保障力量部署合理性	0.084	保障力量部署样式合理	0.413
			保障力量编组方式合理	0.382
			保障力量配置地域可行	0.205
	维修保障合理性	0.235	维修保障关系完备明确	0.227
			维修机构配置地点可行	0.199
			维修任务分工合理	0.328
			维修保障机构编组合理	0.246

（续）

评价目标	一级指标	权重	二级指标	权重
装备保障方案 合理性	器材保障合理性	0.191	器材保障关系完备明确	0.248
			器材机构配置可行	0.189
			器材库所的编组合理	0.256
			器材的储备与补充合适	0.307
	弹药保障合理性	0.188	弹药保障关系完备明确	0.197
			弹药库的编配合理	0.130
			弹药管理落实	0.168
			弹药储备合理	0.258
			弹药补充适当	0.247
	运力保障充分	0.091	运力需求预计准确	0.5
			运力的编组设置合理	0.5

4.3.3 模糊映射确定

映射是指建立指标集到评语集的数学关系模型,常用 f 表示。f 的确定是进行评价的关键,通过 f 建立指标的模糊评判矩阵,进而实现评价。

模糊映射 f 的确定一般没有统一的方法,常用的手段是通过统计的方式或者借助专家经验的方式。这里采用问卷调查的形式,借助专家的经验建立指标集到评语集的模糊映射,其基本步骤如下:

（1）确定评语集。这里将评语集 V 设置为 $V = \{$优,良,中,差$\}$。

（2）向专家发送调查问卷。参与问卷调查的专家的选取参考 3.3.3 节中专家的来源分析。专家选取完成之后,请专家对底层指标属于"优,良,中,差"的等级进行判断。评判准则参考 4.1 节中给出的装备保障方案合理性评价体系影响因素。分别统计选择"优,良,中,差"的专家的人数。

（3）确定映射 f。设参与调查的专家人数为 M,对于某个指标,选择"优,良,中,差"的人数分别为 a,b,c,d,显然 $a + b + c + d = M$,则建立的模糊映射如图 4 - 20 所示。

80

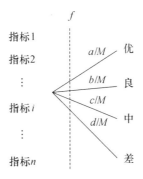

图 4-20　模糊映射图

4.3.4　模糊评判矩阵构建

1. 构建二级指标模糊评判矩阵

对于二级指标,建立模糊评判矩阵为

$$\boldsymbol{R}_i = \begin{pmatrix} r_{i1}^1 & r_{i1}^2 & \cdots & r_{i1}^j \\ r_{i2}^1 & r_{i2}^2 & \cdots & r_{i2}^j \\ \vdots & \vdots & \ddots & \vdots \\ r_{im}^1 & r_{im}^2 & \cdots & r_{im}^j \end{pmatrix} \qquad (4-6)$$

式中:$\boldsymbol{R}_i$ 为第 i 个一级指标的模糊评判矩阵;m 为对应第 i 个顶层指标中包含的二级指标的个数,评价体系中包含了保障指挥渠道畅通等 8 个一级指标($i=1$,$2,\cdots,8$);j 为评价等级,这个评语集中有四个等级($j=1,2,3,4$);r_{im}^j 的计算公式为

$$r_{im}^j = \frac{x_j}{M} \qquad (4-7)$$

式中:x_j 为选择 j 等级的专家数;M 为专家总数。

以保障指挥顺畅性为例,其中包含了保障指挥关系完备明确等五个二级指标。则建立的模糊评判矩阵为

$$\boldsymbol{R}_1 = \begin{pmatrix} r_{11}^1 & r_{11}^2 & \cdots & r_{11}^4 \\ r_{12}^1 & r_{12}^2 & \cdots & r_{12}^4 \\ \vdots & \vdots & \ddots & \vdots \\ r_{15}^1 & r_{15}^2 & \cdots & r_{15}^4 \end{pmatrix}$$

2. 构建一级指标的评判矩阵

由权重的计算方法,确定二级指标的权重向量为

$$\boldsymbol{W}_i = \begin{bmatrix} w_{i1} & w_{i2} & \cdots & w_{im} \end{bmatrix} \qquad (4-8)$$

式中:$\boldsymbol{W}_i$ 为一级指标中所包含的二级指标的权重向量,以指标保障指挥渠道顺畅为例,则 $i=1$,$m=5$。

保障指挥渠道顺畅等一级指标评判向量为

$$\boldsymbol{B}_i = \boldsymbol{W}_i\boldsymbol{R}_i = \begin{bmatrix} w_{i1} & w_{i2} & \cdots & w_{im} \end{bmatrix} \begin{pmatrix} r_{11}^i & r_{12}^i & \cdots & r_{14}^i \\ r_{21}^i & r_{22}^i & \cdots & r_{24}^i \\ \vdots & \vdots & \ddots & \vdots \\ r_{m1}^i & r_{m2}^i & \cdots & r_{m4}^i \end{pmatrix}$$

$$= \begin{bmatrix} r_{i1} & r_{i2} & r_{i3} & r_{i4} \end{bmatrix} \qquad i = 1,2,\cdots,m$$

式中:r_{i1}、r_{i2}、$\cdots$、r_{i4}分别为保障指挥渠道顺畅等一级指标,在评语集中各评价等级所占的百分比,利用最大隶属度原则,结合给出的评语集,可以得到反映专家评审团对保障指挥渠道顺畅等各一级指标评价结果。

4.3.5 模糊评价算子确定

针对不同的问题,所采用的模糊评价算子也不相同,这里提出了一种基于"加权和"概念的评价算子,对最后的评价结果进行综合。

保障指挥顺畅等 8 个一级指标的权重向量为

$$\boldsymbol{W} = \begin{bmatrix} w_1 & w_2 & w_3 & w_4 & w_5 & w_6 & w_7 & w_8 \end{bmatrix} \qquad (4-9)$$

装备保障方案合理性评判矩阵为

$$\boldsymbol{R} = \begin{pmatrix} r_{11} & r_{12} & r_{13} & r_{14} \\ r_{21} & r_{22} & r_{23} & r_{24} \\ r_{31} & r_{32} & r_{33} & r_{34} \\ r_{41} & r_{42} & r_{43} & r_{44} \\ r_{51} & r_{52} & r_{53} & r_{54} \\ r_{61} & r_{62} & r_{63} & r_{64} \\ r_{71} & r_{72} & r_{73} & r_{74} \\ r_{81} & r_{82} & r_{83} & r_{84} \end{pmatrix} \qquad (4-10)$$

装备保障合理性的综合评价结果为

$$\boldsymbol{B} = \boldsymbol{WR} = \begin{bmatrix} w_1 & w_2 & w_3 & w_4 & w_5 & w_6 & w_7 & w_8 \end{bmatrix} \begin{pmatrix} r_{11} & r_{12} & r_{13} & r_{14} \\ r_{21} & r_{22} & r_{23} & r_{24} \\ r_{31} & r_{32} & r_{33} & r_{34} \\ r_{41} & r_{42} & r_{43} & r_{44} \\ r_{51} & r_{52} & r_{53} & r_{54} \\ r_{61} & r_{62} & r_{63} & r_{64} \\ r_{71} & r_{72} & r_{73} & r_{74} \\ r_{81} & r_{82} & r_{83} & r_{84} \end{pmatrix}$$

$$= \begin{bmatrix} r_1 & r_2 & r_3 & r_4 \end{bmatrix} \tag{4-11}$$

式中：r_1、r_2、r_3、r_4 分别为装备保障方案合理性在评语集中各评价等级所占的百分比,最后利用最大隶属度原则,结合给出的评语集,可以得到反映专家评审团对装备保障方案合理性的评价结果。

4.4　示 例 分 析

假设选取由装备保障部门军事人员、军事专家等组成的 10 名专家评审团,对某装备保障方案的合理性进行评价,建立的评价指标体系和评语集,这里不再赘述。

通过专家评审团评价各二级指标的调整结果,如表 4 - 3 所列。

表 4 - 3　专家问卷调查结果汇总

一级指标	二级指标	优	良	中	差
保障指挥渠道畅通	保障指挥关系完备明确	10	0	0	0
	保障指挥机构设置合理	10	0	0	0
	保障指挥机构配置地点可行	9	1	0	0
	保障指挥机构抗毁性	10	0	0	0
	保障指挥机构转移有效性	8	2	0	0
保障力量部署合理性	保障力量部署样式合理	9	0	0	0
	保障力量编组方式合理	7	2	1	0
	保障力量配置地域可行	8	2	0	0

（续）

一级指标	二级指标	优	良	中	差
维修保障合理性	维修保障关系完备明确	10	0	0	0
	维修机构配置地点可行	7	3	0	0
	维修任务分工合理	6	2	2	0
	维修保障机构编组合理	7	1	2	0
器材保障合理性	器材保障关系完备明确	10	0	0	0
	器材机构配置可行	10	0	0	0
	器材库所的编组合理	8	2	0	0
	器材的储备与补充合适	10	0	0	0
弹药保障合理性	弹药保障关系完备明确	6	4	0	0
	弹药库的编配合理	4	5	1	0
	弹药管理落实	8	1	1	0
	弹药储备合理	5	5	0	0
	弹药补充适当	4	6	0	0
运力保障充分	运力需求预计准确	4	6	0	0
	运力的编组设置合理	9	1	0	0
防卫保障得当	防卫区划分合理	8	1	1	0
	防卫力量编组适当	9	0	1	0
	防卫力量配置地点合适	5	5	0	0
	防卫措施与方法合理	8	2	0	0
通信保障畅通	通信的编组设置合理	5	2	3	0
	通信方式的选择合适	8	2	0	0

1. 构建二级指标模糊评判矩阵

针对 8 个一级指标，建立其相应的二级指标模糊评判矩阵如下：

$$\boldsymbol{R}_1 = \begin{pmatrix} 1 & 0 & 0 & 0 \\ 1 & 0 & 0.1 & 0 \\ 0.9 & 0.1 & 0 & 0 \\ 1 & 0 & 0 & 0 \\ 0.8 & 0.2 & 0 & 0 \end{pmatrix}, \boldsymbol{R}_2 = \begin{pmatrix} 0.9 & 0.1 & 0 & 0 \\ 0.7 & 0.2 & 0.1 & 0 \\ 0.8 & 0.2 & 0 & 0 \end{pmatrix}$$

$$\boldsymbol{R}_3 = \begin{pmatrix} 1 & 0 & 0 & 0 \\ 0.7 & 0.3 & 0 & 0 \\ 0.6 & 0.2 & 0.2 & 0 \\ 0.5 & 0.4 & 0.1 & 0 \end{pmatrix}, \boldsymbol{R}_4 = \begin{pmatrix} 1 & 0 & 0 & 0 \\ 1 & 0 & 0 & 0 \\ 0.8 & 0.2 & 0 & 0 \\ 0.5 & 0.4 & 0.1 & 0 \end{pmatrix}$$

$$\boldsymbol{R}_5 = \begin{pmatrix} 0.6 & 0.4 & 0 & 0 \\ 0.4 & 0.5 & 0.1 & 0 \\ 0.8 & 0.1 & 0.1 & 0 \\ 0.5 & 0.5 & 0 & 0 \\ 0.4 & 0.6 & 0 & 0 \end{pmatrix}, \boldsymbol{R}_6 = \begin{pmatrix} 0.4 & 0.6 & 0 & 0 \\ 0.9 & 0.1 & 0 & 0 \end{pmatrix}$$

$$\boldsymbol{R}_7 = \begin{pmatrix} 0.8 & 0.1 & 0.1 & 0 \\ 0.9 & 0 & 0.1 & 0 \\ 0.5 & 0.5 & 0 & 0 \\ 0.8 & 0.2 & 0 & 0 \end{pmatrix}, \boldsymbol{R}_8 = \begin{pmatrix} 0.5 & 0.2 & 0.3 & 0 \\ 0.8 & 0.2 & 0 & 0 \end{pmatrix}$$

2. 一级指标评判矩阵

由上述矩阵得出各一级指标隶属于相应评语等级的权重向量如下：

$$\begin{cases} \boldsymbol{B}_1^{\mathrm{T}} = \boldsymbol{W}_1 \boldsymbol{R}_1 = [0.95, 0.05, 0, 0] \\ \boldsymbol{B}_2^{\mathrm{T}} = \boldsymbol{W}_2 \boldsymbol{R}_2 = [0.80, 0.16, 0.04, 0] \\ \boldsymbol{B}_3^{\mathrm{T}} = \boldsymbol{W}_3 \boldsymbol{R}_3 = [0.725, 0.135, 0.14, 0] \\ \boldsymbol{B}_4^{\mathrm{T}} = \boldsymbol{W}_4 \boldsymbol{R}_4 = [0.875, 0.11, 0.015, 0] \\ \boldsymbol{B}_5^{\mathrm{T}} = \boldsymbol{W}_5 \boldsymbol{R}_5 = [0.53, 0.43, 0.04, 0] \\ \boldsymbol{B}_6^{\mathrm{T}} = \boldsymbol{W}_6 \boldsymbol{R}_6 = [0.65, 0.35, 0, 0] \\ \boldsymbol{B}_7^{\mathrm{T}} = \boldsymbol{W}_7 \boldsymbol{R}_7 = [0.77, 0.18, 0.05, 0] \\ \boldsymbol{B}_8^{\mathrm{T}} = \boldsymbol{W}_8 \boldsymbol{R}_8 = [0.65, 0.2, 0.15, 0] \end{cases}$$

相应的一级指标评判矩阵为

$$
\boldsymbol{B}_i = \begin{bmatrix} \boldsymbol{B}_1^{\mathrm{T}} & \boldsymbol{B}_2^{\mathrm{T}} & \boldsymbol{B}_3^{\mathrm{T}} & \boldsymbol{B}_4^{\mathrm{T}} & \boldsymbol{B}_5^{\mathrm{T}} & \boldsymbol{B}_6^{\mathrm{T}} & \boldsymbol{B}_7^{\mathrm{T}} & \boldsymbol{B}_8^{\mathrm{T}} \end{bmatrix}^{\mathrm{T}} = \begin{pmatrix} 0.95 & 0.05 & 0 & 0 \\ 0.80 & 0.16 & 0.04 & 0 \\ 0.725 & 0.135 & 0.04 & 0 \\ 0.875 & 0.11 & 0.015 & 0 \\ 0.53 & 0.43 & 0.04 & 0 \\ 0.65 & 0.35 & 0 & 0 \\ 0.77 & 0.18 & 0.05 & 0 \\ 0.65 & 0.2 & 0.15 & 0 \end{pmatrix}
$$

3. 综合评价结果

由式(4-11)可知,装备保障方案合理性综合评价结果为

$$
\boldsymbol{B} = \boldsymbol{W}\boldsymbol{B}_i = \begin{bmatrix} 0.757 & 0.21 & 0.033 & 0 \end{bmatrix}
$$

根据最终的评判结果 $\boldsymbol{B}$ 来看,装备保障合理性的评价结论为:优的比例是 0.757,良的比例是 0.21,中的比例是 0.033,差的比例是 0。根据最大隶属度原则,可以认为装备保障合理性的评价结论为优。

第5章 基于定量方法的装备保障方案有效性评价

5.1 装备保障方案有效性评价体系构建

5.1.1 装备保障方案有效性评价体系分析

装备保障方案的有效性评价目的主要是从装备保障方案的运行效果进行评判,因此采用仿真手段是可行的办法。只不过采用仿真手段再现的是装备保障方案所描述的装备保障系统的运行过程。此时,需要的信息就不仅仅是装备保障系统的信息,还需要装备保障对象系统和使用任务系统的相关的信息。所以,与静态的保障方案评价方法比较而言,仿真评价方法更复杂些。

进行装备保障仿真评估的最终目的是验证在实际作战条件下,制定的装备保障方案是否满足装备作战单元的各种作战与保障任务要求,从而为完善装备保障方案提供决策依据,而最能反映装备保障方案有效性指标,或者最能反映装备保障系统运行效果的指标是战备完好性与任务持续性参数。装备在不同的状态和要求下,其战备完好性和任务持续性实质上都涉及了任务系统、保障对象系统和保障系统相关属性和特点,只不过参数的评价内容上各有侧重,所代表的目的有所不同。下面从战备完好性和任务持续性两方面对综合反映装备保障能力的参数进行分析。

1. 保障能力评价综合参数

1)战备完好率

战备完好率表示当要求装备投入作战(使用)时,装备战备好能够执行任务的概率。求解战备完好率必须考虑装备的使用和维修情况;当装备在执行任务前没有发生需要进行修理的故障,即装备立即可投入使用;当装备在执行任务前发生故障,但修理时间短于装备再次投入作战所需的时间,有足够的时间修理受损装备进而投入下一次作战。可见,战备完好率是装备在任务转换状态中使用的综合参数。

在计算战备完好率时,必须考虑系统的使用和维修情况。当装备作战单元在执行任务前没有发生需要维修的故障,立即可投入作战或使用;或者当装备作战单元在执行任务前发生需要维修的故障,但是其维修时间短于再次投入作战或使用所需的时间,有足够的时间进行修理以投入下一次作战或使用。在这种情况下,装备作战单元的战备完好率P_{or}可由下式计算,即

$$P_{or} = R(t) + Q(t) \cdot P(t_m < t_d)$$

式中:$R(t)$为装备作战单元在执行任务前不发生故障的概率;$Q(t)$为装备作战单元在执行任务前的故障概率,$Q(t) = 1 - R(t)$;t为任务持续时间(h);t_m为装备作战单元的修理时间(h);t_d为从发现故障到任务开始的时间(h);$P(t_m < t_d)$为装备作战单元的维修时间t_m不大于到下一项任务开始时间t_d的概率。

2)使用可用度

装备作战单元的使用可用度(Operational Availability,A_o)是装备作战单元当需要时能够正常工作的程度,是一种和能工作时间与不能工作时间有关的稳态可用度参数,它考虑固有可靠性、维修性及测试性、预防性维修和修复性维修,以及管理、使用和保障等各种因素的影响,能够真实反映外场使用环境下的可用性。A_o的表达式为能工作时间与能工作时间、不能工作时间之和的比,即

$$A_o = \frac{能工作时间}{能工作时间 + 不能工作时间} = \frac{MTBF}{MTBF + \bar{D}} = \frac{MTBF}{MTBF + MLDT}$$

其中的不能工作时间不仅包括在装备使用过程中排除故障和预防性维修造成的装备不能工作时间,还要考虑供应保障及行政管理延误等因素导致的不能工作时间,即要考虑除装备改进时间外的一切不能工作时间。

3)装备完好率

装备作战单元装备完好率(Readiness)是装备作战单元完好性的概率度量,它是装备作战单元中能随时遂行使用与作战任务的装备的完好数与实有数的比值,通常用百分数表示,即

$$作战单元装备完好率 = \frac{作战单元完好装备数 R}{作战单元装备总数 M} \times 100\%$$

作战单元装备完好率主要用于衡量装备作战单元的技术现状和管理水平,

以及装备作战单元对作战、训练、执勤的可能保障程度。

4）任务可靠度

任务可靠度是装备作战单元在规定任务执行过程中,在规定的任务剖面中完成规定功能的能力的概率度量,一般适用于运行过程中不进行维修的情况。在任务剖面中,任务可靠性模型可以用任务可靠性框图表示出来,任务可靠性框图中的逻辑关系可能有串联、并联、混联、冷储备系统、表决系统及它们的组合等。

5）可信度

可信度 D 是可信性的概率度量。可信度表示装备作战单元在任务开始时可用性给定的情况下,在规定的任务剖面中的任意随机时刻,能够使用且能完成规定功能的能力,若任务期间不允许维修时,可信度相当于任务可靠度。影响可信度的因素较多、关系复杂,目前还没有相应的公式能够推算,通常采用仿真的方法进行计算。

6）任务效能

任务效能是指装备作战单元在规定的条件下达到规定任务目标的能力,是能够达到给定任务目标程度的概率度量。通常认为,只要装备作战单元处于可用状态,就一定能够执行相应的任务,所以仅考虑装备故障以及排除故障对任务能力的影响。一般是装备使用可用度与任务可信度综合计算。

7）任务成功概率

任务成功概率是任务持续性的概率度量,反映装备作战单元完成特定任务的能力,是装备作战单元任务成功完成次数和任务执行总次数的比值,通常用百分数表示,即

$$任务成功概率 = \frac{任务成功完成次数}{任务执行总次数} \times 100\%$$

以上这些表征战备完好性与任务持续性的参数分别涉及到作战任务的起止时间、成功判据等任务要求参数,保障对象的可靠性、维修性、保障性等特性参数以及保障系统的保障能力与各种保障资源等参数。因此,战备完好性与任务持续性参数涉及了任务系统、保障对象系统和保障系统各个层次的参数体系,能够作为综合参数予以提出。

2. 保障能力评价综合参数选取

根据前面确立的指标选取原则,所选取的评估参数应该是能够系统、全面

地反映装备保障各方面特性,具有较强的实际可操作性,同时指标应该能够很好地满足完备性和可扩展性原则。下面基于以上原则对选用的评估综合参数进行分析选取。

装备作战单元仿真过程中,要想求得某一时刻装备作战单元的装备完好率,只需要统计装备作战单元编成内装备总数和在该时刻装备作战单元内完好装备的数量即可。该参数获取过程较为容易,能够客观反映装备作战单元内装备完好的情况,所以确定装备完好率作为选用的装备保障能力仿真评估的综合参数之一。

在计算使用可用度过程中,使用的数据可以通过日常的使用记录获得。同时,使用可用度也是目前我军装备保障领域战备完好性评价使用最为广泛的一个评价指标。所以,确定使用可用度作为本报告选用的装备保障能力仿真评估的综合参数之一。

由于装备作战单元由多个含有多种不同装备的基本装备作战单元组成,在作战任务的不同阶段对装备性能的要求也不相同。例如,在行军阶段只需要装备的行军部分保持正常即可,对其他部分没有要求;在射击阶段只需要火控、火力和搜索系统正常即可,对行军部分没有要求。装备作战单元在执行任务前不发生故障概率的描述方法非常复杂,所以,在实际计算过程中,一般不采用战备完好率作为装备作战单元战备完好性的评估指标。

任务可靠度、任务可信度和任务效能三者密切相关,均存在数学模型建立比较复杂,不易获取的问题,所以,一般不选取作为仿真评估的综合参数。

任务成功概率是反映装备作战单元系统执行任务能力的任务持续性指标,在仿真过程中,只需要统计任务成功的次数和总的任务运行次数即可计算装备作战单元的任务成功概率。从作战部队的角度来说,最关心的就是执行任务能否成功,而任务成功概率直接反映了装备作战单元执行任务成功的概率情况,任务成功概率也是作战部队最关心的指标之一。所以,确定任务成功概率作为装备作战单元装备保障能力评估的综合参数之一。

基于以上分析,选择反映战备完好性的装备作战单元装备完好率、装备作战单元使用可用度和反映装备作战单元任务持续性的任务成功概率,作为装备作战单元装备保障仿真评估的综合参数。

3. "三个系统"参数分析

装备作战单元执行任务过程中,需要任务系统、保障对象系统和保障系统(简称"三个系统")密切配合,缺一不可。在装备作战单元保障仿真评估过程中,获得评估综合参数需要用"三个系统"的参数作为计算的基础。下面分别介绍与这"三个系统"相关的参数。

1）任务系统参数

任务系统对装备保障能力的影响通常体现在对保障的要求和保障活动实施环境、战损和战斗物资消耗方面。在保障能力评价过程中,任务系统参数作为输入参数出现。这里从任务执行主体对装备质量的要求和任务执行时间、区域、任务量、任务环境,以及造成的战损、弹药消耗等几个方面对任务系统参数进行分类,如表 5 - 1 所列。

表 5 - 1　任务系统参数描述

参数类型	参数名称	说　明
执行主体名称	装备作战单元名称	执行任务的装备作战单元的名称
装备质量要求	装备完好(在航、出动、参战)要求	任务开始时或任务期间要求装备作战单元必须达到的装备完好(在航、出动、参战)数量要求
任务时间	任务开始时间	任务开始的日历时间
	任务结束时间	任务结束的日历时间
战斗损伤参数	任务期间发生战损次数	装备作战单元在执行任务期间,受对方打击造成的战斗损伤次数
	装备作战单元战损比例	装备作战单元发生一次战损后,装备损坏数量占编制数量的百分比
	轻损比例	装备作战单元发生一次战损后,装备轻损数量占损坏数量的百分比
	中损比例	装备作战单元发生一次战损后,装备中损数量占损坏数量的百分比
	重损比例	装备作战单元发生一次战损后,装备重损数量占损坏数量的百分比
	报废比例	装备作战单元发生一次战损后,装备报废数量占损坏数量的百分比
弹药消耗参数	弹药消耗种类和数量	任务期间装备作战单元需要发射的弹药种类及其数量
任务量	广义工作时间	任务期间装备作战单元的工作时间,可以用储存时间、连续开机时间、行驶里程等不同的寿命单位来表示
	转换系数	由广义工作时间转换到日历工作时间的转换系数
任务环境	温度、湿度、路况、风力、腐蚀程度等	装备作战单元任务区域的地理和自然环境

需要说明的是,任务系统参数一般适合装备作战单元、装备作战单元以及装备体系等评价对象的任务描述,其中装备作战单元还要特别考虑弹药消耗参数和战损参数。同时,根据装备所处的状态,任务系统参数的选取略有不同,例如,弹药消耗参数和战损参数一般只在作战或演习状态才予以考虑,而在日常或任务转换时由于装备并未参加战斗所以不予考虑。其他对于任务状态的描述性参数的选取,各个层次的评价对象、状态基本一致。

2)保障对象系统参数

保障对象参数一般认为属于设计性参数,它体现了装备内在的特性。这类参数反映装备自身接受保障或易于保障的能力,一旦装备定型,设计参数也就达到了相对稳定,对于保障对象系统参数的选取,主要收集保障对象系统同装备保障能力有关的参数,如装备的可靠性、维修性参数,而对保障对象的战斗性能等参数不予考虑。这里从保障对象规模、可靠性、维修性、系统内装备可靠性关系等方面进行选取,详细参数的选取如表5-2所列。需要说明的是,系统内装备可靠性关系是为计算装备作战单元的可靠度而设置的,它是装备系统内部各个装备的逻辑关系的描述,装备间的逻辑关系根据任务的不同而有所差异。

表5-2 保障对象系统参数选取

使用时域	单一装备	装备作战单元
作战或演习任务状态	•任务可靠度 •任务维修度 •不工作可靠度 •MTBCF •MTTRF •MTBF •恢复功能的任务时间 •战斗工作可靠度	•装备种类和数量 •任务可靠度 •任务维修度 •MTBCF •MTTRF •各装备在任务中的可靠性关系

从参数体系的框架可知,保障对象系统通常由四个层次构成,即单一装备、装备基本作战单元、装备作战单元和装备体系,各个层次在参数选取上基本一致。但是,同一个参数在不同层次所代表的含义以及计算方法不尽不同,如可靠度、维修度一般认为是单一装备设计属性,而如果针对装备作战单元,其可靠度和维修

度的含义就有较大的差别,因此引用了系统内装备可靠性关系的说明。

另外,保障对象在日常任务状态和作战、演习状态所需用的参数略有不同,在作战、演习状态更多的考虑装备的致命性故障。如果装备在损坏对于当前任务没有影响,则一般不予以修理;若必须修理,也应考虑装备的战场抢修所体现的能力等。根据研究的内容这里仅给出作战任务下保障对象系统的相关参数,如表5-3所列。

表5-3　保障对象系统参数

参数名称	参数描述
装备种类和数量	各类武器装备的种类和数量
平均故障间隔时间(MTBF)	在规定的条件下和规定的时间内,产品的寿命单位总数与故障总次数之比
平均维修间隔时间(MTBM)	在规定的条件下和规定的时间内,产品寿命单位总数与该产品计划维修和非计划维修时间总数之比
平均严重故障间隔时间(MTBCF)	在规定的一系列任务剖面中,产品任务总时间与严重故障总数之比,也称为致命性故障间隔时间
不工作可靠度:储存可靠度、装备可靠度等	在规定的不工作条件和时间内,产品保持规定功能的概率
平均修复时间(MTTR)	产品在任意规定的维修级别上,修复性维修总时间与该级别上被修复产品的故障总数之比
平均维修时间	产品的预防性维修和修复性维修总时间与产品计划维修和非计划维修事件总数之比
恢复功能用的任务时间(MTTRF)	在规定的任务剖面和规定的维修条件下,装备严重故障的总修复性维修时间与严重故障总数之比
平均直接维修工时(DMMH)	在规定的条件和实践内,产品的直接维修工时与该产品的维修事件总数之比
装备间的可靠性关系	装备作战单元中各装备间存在的逻辑关系

3）保障系统参数

作为装备保障活动的主体力量,保障系统能力的建设直接影响整个装备作战单元能力的保障能力的发展,选取的装备保障系统参数,应当能对整个保障系统的配置建设、保障实践、能力考查等方面起宏观指导作用。这类参数是属于保障系统自身所属较高层次的参数,一般能够涉及保障系统自身的各个方面,这里从保障规模、任务完成情况和保障服务时间三个方面理解保障系统能力参数。

（1）保障规模。保障规模是指保障系统在从事保障活动时,运用的一系列保障资料,例如,人员、器材、设备、技术资料等在数量、种类、质量的度量。保障规模的建设就是保障系统保障资料的建设,它的好坏直接影响保障活动能否顺利进行,进而影响对整个装备作战单元的战备完好性和任务持续性。因此,保障规模作为保障系统的综合参数,是整个保障计划的制定、保障方案的实施的基础要素。

（2）任务完成情况。任务完成情况是评价保障系统是否运转顺利及保障系统是否有效的核心参数,任务完成情况的好坏实际上涉及保障力量的规模、保障时间和资源的使用等多方面。无论在日常状态还是在作战任务状态,任务完成情况都能客观反映整个保障系统对所属工作的执行能力。

（3）保障服务时间。保障服务时间是指保障系统完成某项保障任务所花费的时间,是评价保障系统是否及时的重要度量。保障服务时间对保障资源满足平时战备完好性和战时使用要求程度的通用参数,保障服务时间也包括由于设备不适用、人员技术能力不合格、材料不配套、指挥管理失误而造成的延误时间。

以上从三个方面描述装备保障系统的能力,一般认为保障规模用于评价整个保障系统的固有能力,是相对"静态"的参数,无论是日常建设还是作战演习,保障规模都应当作为方案制定、任务落实的基础性参数。而任务完成情况适合于评价保障系统的总体执行任务的能力,保障系统能力大小是完成保障任务的关键。保障服务时间主要评价对时间有严格要求的保障任务,体现保障系统的处理保障任务是否及时的能力。例如,在战场中,保障服务时间直接关系到装备能否快速恢复、装备能否迅速部署、作战行动能否按计划顺利实施等。保障规模、任务完成情况、保障服务时间三个方面所涉及的具体评价参数,如表5-4所列。

表5-4　保障系统评价参数

参数类型	具体参数	说　明
保障规模	· 修理班组有效规模（单位：人、班组数、工时、组时） · 器材有效规模（单位：t） · 弹药有效规模（单位：t） · 运输有效规模（单位：t）	可用的有效资源数量

（续）

参数类型	具体参数	说　明
任务完成情况	· 维修任务完成率 · 弹药供应任务完成率 · 器材供应任务完成率 · 部署任务完成率	
保障服务时间	· 平均维修服务时间 · 平均弹药补充时间	

5.1.2　装备保障方案有效性评价参数体系确定

根据 5.1.1 节的分析,可确定装备保障方案有效性评价参数体系分为综合保障能力参数和三个系统的参数,如图 5 - 1 所示。

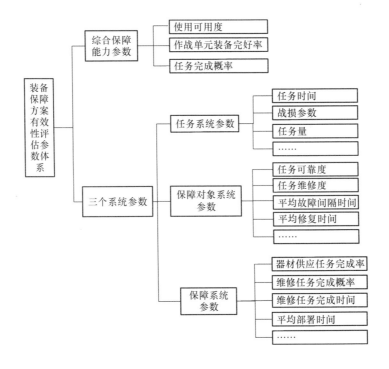

图 5 - 1　装备保障方案有效性评价参数体系

5.2　方法的适用性分析

对装备保障方案有效性评价而言,最好的方法是定量仿真方法,利用仿真方法与手段可以很好地呈现保障方案在实施过程中的运行状态,暴露可能存在的问题。对于仿真机理而言,有离散型系统仿真和连续性系统仿真;对于仿真手段而言,目前比较流行的有 BP 神经网络仿真、Petri 网络仿真、分布交互式仿真和高层体系结构(HLA)仿真等。这里重点对 HLA 仿真进行介绍。

HLA 建模与仿真定义了一个通用的技术框架,在这个技术框架下,可以接受现有的各类仿真过程的共同加入,并实现彼此的互操作。每一个描述了一定功能的仿真过程称为 HLA 的一个联邦成员(Federate),为实现某种特定的仿真目的而进行交互作用的若干联邦成员的集合,称为联邦(Federation),整个运行过程称为联邦运行(Federation Execution)。在 HLA 框架下,联邦成员通过 RTI 构成一个开放性的分布式仿真系统,整个系统具有可扩充性。其中,联邦成员可以是真实实体系统、构造或虚拟仿真系统以及一些辅助性的仿真应用。在联邦的运行阶段,这些成员之间的数据交换必须通过 RTI。

装备保障系统主体上属于离散系统,所以采用的仿真机制一般是离散仿真机制。当对装备保障系统的研究问题较为简单的话,一般可采用集中式仿真方式,采用 Petri 网等仿真工具。当对装备保障系统的研究问题较为复杂,一般可采用分布式仿真方式,如 DIS 或 HLA。在此处,拟采用基于 HLA 的装备保障系统仿真评价方法。

5.3　装备保障方案有效性参数的仿真计算方法

对装备作战单元的装备完好率、使用可用度和任务成功概率进行评价计算:首先,要有适合的仿真方法对装备作战单元任务中的装备保障过程进行描述;然后,建立装备作战单元装备保障仿真模型。通过对装备保障行动仿真过程中产生的相关数据进行收集计算,即可完成对装备作战单元保障能力的评价。

下面,在明确参数获取过程的基础上,给出装备作战单元的装备完好率、使用可用度和任务成功概率仿真评估方法。

5.3.1　使用可用度仿真计算方法

这里假设以旅装备作战单元保障能力为研究对象进行评估,则由于旅装备作战单元中通常包含若干个营级的装备基本作战单元,所以,各种评估参数也是有层次的。

首先分析装备基本作战单元使用可用度计算公式中的各项参数。MTBF 为装备基本作战作战单元平均故障间隔时间,是各营产生影响执行任务的致命故障的平均间隔时间。$\overline{D}$ 为平均不能工作时间(即 MLDT),是装备故障平均维修时间 $\overline{M}$、平均保障延误时间 $\overline{T}_{ld}$ 和平均管理延误时间 $\overline{T}_{ad}$ 之和。其中,平均维修时间 $\overline{M}$ 为指实施修复性维修工作所用的平均时间,它反映了有关 R&M 设计特性(如故障率、平均修复时间)。平均保障延误时间 $\overline{T}_{ld}$ 和平均管理延误时间 $\overline{T}_{ad}$ 主要反映了装备保障系统的组成要素(如保障体制、管理和资源)对装备保障性的影响。造成保障延误的原因有多种,例如,申请备件延误时间是由于等待获取备件或备件不足造成的供应保障延误时间,人员延误时间是由于缺乏维修人员延误维修的时间,设备延误时间是由于缺少测试设备、维修设备与工具(或设备不匹配、设备完好率较低)等造成的装备不能工作时间,技术资料延误时间是由于缺少技术资料或技术资料不适用(不能满足维修人员训练需要)造成的装备不能工作时间,运输延误时间是由于送修装备等待运输造成的延误时间,维修设施延误时间是由于缺少所需的维修设施(或设施不匹配),使得维修能力有限造成等待维修的时间等。管理延误时间是指由于行政管理性质方面的原因造成装备延误不能工作的时间,其具体原因也是多方面的。例如,由于申报、批准装备维修计划造成的行政管理延误时间,由于计划不周或管理不善造成装备不能工作的时间,由于维修机构、人员配备不合理造成装备维修延误的时间。

在装备作战单元仿真中,装备作战单元按照作战任务依次加入仿真联邦开始运行,然后根据故障分布规律产生故障,此时可统计得到装备作战单元已正常工作的时间;故障装备进入装备保障成员进行维修直至维修完毕恢复正常使用状态,此时可统计得到装备作战单元的不可工作时间,按照定义,不可工作时间包括了维修时间和延误时间等;装备恢复使用状态后,装备基本作战单元在任务时间内继续运行,继续统计装备基本作战单元可工作时间,按照上述过程依次循环收集数据,即可得到营装备基本作战单元的使用可用度参数。

按照装备作战单元作战任务的层次关系,旅担负的作战任务可分解为营担负的基本作战任务,所以,旅的使用可用度计算的基础是各营装备的使用情况,假设某一时刻旅装备作战单元内2/3的营处于可工作状态则表示该旅处于可工作状态。旅装备作战单元使用可用度的运行机理,如图5-2所示。在任务过程中,依次收集各营装备作战单元可以工作的开始时间和结束时间,通过汇总分析即可得到旅装备作战单元的可工作时间和不可工作时间,从而对旅装备作战单元的使用可用度进行计算,使用可用度仿真流程如图5-3所示。

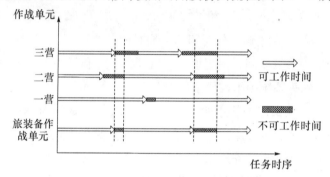

图5-2 旅装备作战单元使用可用度的运行机理

根据使用可用度的公式可知,要计算装备基本作战单元的使用可用度,首先需要统计装备基本作战单元的可工作时间和不可工作时间。对于装备基本作战单元中不可修系统来说,装备损坏后,即表示任务失败,此时可工作时间为仿真开始到故障产生的时间,剩余时间为不可工作时间。下面,以可修系统为例给出装备基本作战单元使用可用度仿真流程。

在仿真流程图中,维修过程模块实际上包括故障装备从产生故障到恢复使用状态返回装备基本作战单元继续作战任务的全过程,包括维修等待时间、维修时间、运输时间等。

在装备基本作战单元任务中,大多数都是复杂任务。根据装备基本作战单元复杂任务和基本任务关系的剖析,可以认为装备基本作战单元复杂任务下完好性的仿真方法即通过对基本任务下的装备基本作战单元完好性仿真过程的循环调用。

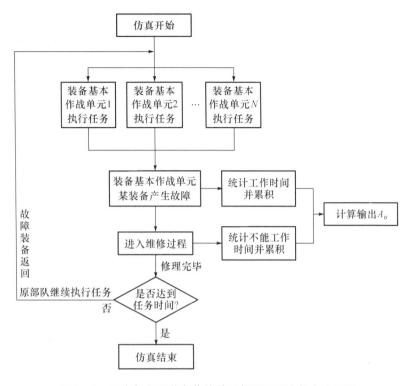

图 5-3　基本任务下装备作战单元使用可用度仿真流程图

　　装备基本作战单元复杂任务使用可用度仿真与基本任务下的使用可用度仿真不同之处在于:复杂任务包含若干个顺序执行的基本任务,只是在循环调用过程中需要考虑包括任务成功与否及各基本任务之间能否顺利转换等问题的判定。

　　如果在仿真过程中能够分别统计给出整个复杂任务仿真过程中的每一个基本任务的能工作时间与不能工作时间,分别记为 T_{Yi} 和 T_{Ni}(i 代表复杂任务中第 i 个基本任务),则

$$复杂任务下的基本作战单元使用可用度 = \frac{\sum_i T_{Yi}}{\sum_i (T_{Yi} + T_{Ni})}$$

5.3.2　装备完好率仿真计算方法

　　对于装备作战单元装备完好率来说,营装备使用成员编成内装备单元会在仿真过程中按照战损率和自然故障率生成故障,对于某一时刻的故障装备数和

装备总数进行统计,即可根据装备基本作战单元装备完好率公式计算得到该时刻装备基本作战单元装备完好率。类似的方法可用于计算装备日完好率、周完好率等指标。

要计算装备作战单元某一时刻的装备完好率,只需要统计在该时刻所有装备基本作战单元的故障装备数量和装备总数。与使用可用度计算的仿真方法类似,可以得到装备作战单元装备完好率的仿真流程,如图 5 - 4 所示。

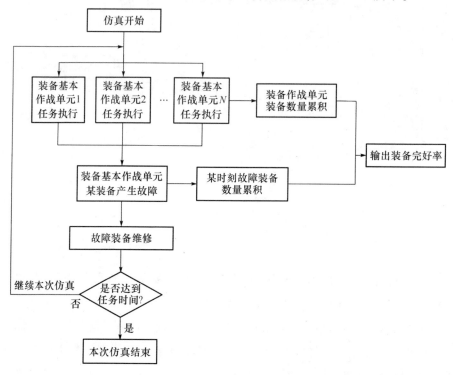

图 5 - 4 装备作战单元装备完好率仿真流程图

5.3.3 任务成功概率仿真计算方法

根据装备作战单元任务成功概率计算公式可知,仿真开始后,对装备作战单元的执行任务过程进行仿真,每运行一次仿真过程均会有一个任务成功或失败的输出结果,仿真评估成员向装备作战单元成员订购这些成功或失败的次数,同时订购仿真运行的总次数即可求得装备作战单元的任务成功概率。

由于装备作战单元的任务具有层次性,所以旅级装备作战单元在实际作战中担负的作战任务可分解为各营担负的装备基本作战任务。假设在作战任务分解中,各营担负任务的重要性相同,旅装备作战单元编成内 2/3 的营作战任务成功,则表示旅的作战任务成功。所以,每次仿真结束后,记录每个营的任务完成情况即可判断本次仿真旅的任务是否完成,仿真评估成员通过收集每次仿真各营任务完成情况,可以完成对旅本次仿真是否成功的判断,完成判断后对数据结果进行记录,最终即可通过记录的任务成功的次数和仿真运行的总次数对旅的任务成功概率进行计算。

　　根据装备作战单元完成任务的流程以及装备作战单元任务完成概率公式,阶段任务下装备作战单元任务完成概率仿真流程,如图 5-5 所示。

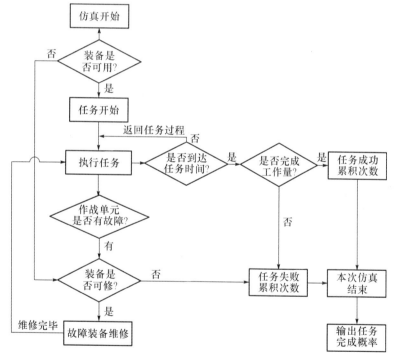

图 5-5　阶段任务下装备作战单元任务成功概率仿真流程图

　　在仿真开始前,在仿真前端根据装备作战单元中阶段任务涉及的装备功能系统的历史故障与维修记录,分析给出其可用度,即在该阶段任务开始时刻装备作战单元可以工作的概率 P。仿真开始后,首先根据概率 P 确定的概率随机确定装备作战单元是开始执行任务还是因不可用而进行维修。对于开始时不可用或任务开始后故障的情况,如果装备单元可修,则进入维修过程,修复后继续工作;否则直接判定阶段任务失败,结束本次仿真。在任务过程中,仿真模型同时进行任务时间的控制,达到任务时间约束的要求时即终止本次仿真,进行任务量检查并转入下次仿真。经过多次仿真可以得到装备作战单元完成该阶段任务的任务完成概率。

对复杂任务装备作战单元的任务完成概率的仿真,仍然可以通过循环调用阶段任务下的装备作战单元任务完成概率仿真过程的方法来实现。下面给出复杂任务下装备作战单元任务完成概率的仿真流程,如图 5 - 6 所示。

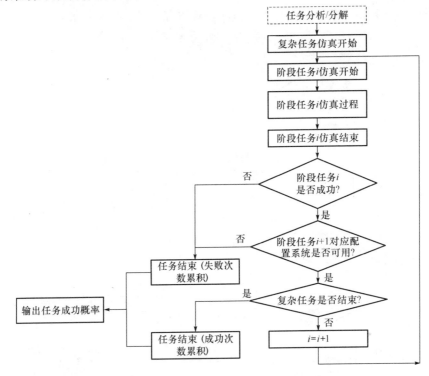

图 5 - 6　复杂任务下装备作战单元任务完成概率的仿真流程图

在复杂任务下装备作战单元任务完成概率的仿真中,需要考虑阶段之间的相关性,即阶段任务之间转换概率的问题:在阶段任务成功完成之后,如果能够顺利转换为下一个阶段任务,则任务继续;否则,整个任务失败。所以,在复杂任务仿真过程中,造成任务失败有两种情况:阶段任务失败;阶段任务间转换失败。任务的成功则需要各个阶段任务顺次成功完成。

5.4　基于 HLA 的装备保障仿真联邦结构

装备保障仿真联邦是一个在虚拟环境下对装备作战单元在执行任务时的装备保障过程模拟的仿真演示平台,装备保障仿真评估是装备保障仿真联邦中仿真评估成员的功能。装备保障仿真联邦的结构是在对装备保障系统中的作战任务模型、保障对象系统模型和保障系统模型的运行及交互进行详细分析的基础上确定的,联邦由不同的联邦成员组成,充分考虑仿真的功能性,从仿真需求出发,采用面向对象分析技术和模块化思想把真实系统及其运行过程抽象化、条理化和模块化,选取功能上相对独立、承担着主要仿真任务或具有独立行为能力的实体作为联邦成员。装备保障仿真联邦中既可以由真实系统中的实体单元构成,如装备使用类成员等;还可以由具有管理和协调控制能力的某类功能的抽象模型构成,如导调成员;也可以由便于仿真系统控制和显示的模型构成,如仿真管理成员、数据记录成员、仿真显示成员等。各个成员利用仿真联邦的 RTI 进行交互操作和数据传递。装备保障仿真联邦结构如图 5 - 7 所示。

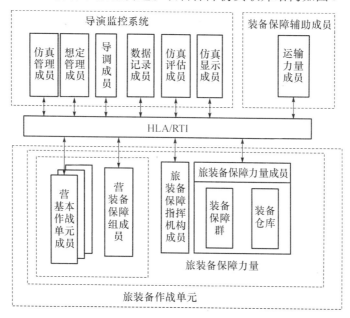

图 5 - 7　装备保障仿真联邦结构

整个联邦应能完整地反映装备作战单元装备保障过程模型,联邦成员之间通过发布/反射对象属性,发送/接收交互类实例进行。按照 HLA 的规范,可以把联邦成员划分为保障业务类成员和仿真监控类成员两大类。保障业务类成员主要包括维修力量类成员、器材保障力量类成员、保障指挥机构类成员、装备使用单元类成员等;仿真监控类成员主要包括仿真管理成员、想定管理成员、导调成员、数据记录成员、仿真评估成员和仿真显示成员等。相关联邦成员的内部反映了作战任务系统、保障对象系统和保障系统中的部分模型。

装备保障仿真联邦中主要成员担负的功能如下:

(1)仿真管理成员。对仿真运行过程进行实时管理和控制,协调仿真对象,确定仿真开始与结束时间,运行过程中调整时钟变化,根据仿真想定选择加入联邦的联邦成员,并控制成员的加入、退出以及仿真运行的跳时、暂停、继续与结束。

(2)想定管理成员。设定仿真层次;设置装备保障仿真的初始态势,包括保障对象的编成、部署与上下层之间的关系,装备指挥机构的编成、部署与上下层之间的关系,保障力量的编成、部署与上下层之间的关系;建立作战任务体系,并为每个保障对象分配作战任务。装备作战单元的作战任务和组织结构在该联邦成员中实现。

(3)导调成员。在仿真运行过程中实时传输导调信息与命令,修改仿真实体的模型参数,对仿真过程进行干预。

(4)保障指挥机构成员。对保障资源分配进行初始化,即根据各下级装备作战单元的任务为其分配保障资源,配置维修分队;统计各项装备保障数据。保障系统中的部分内容在该联邦成员中实现。

(5)仿真评估成员。收集评估数据,最终评估装备作战单元的使用可用度、装备完好率与任务成功概率;根据参数的计算结果评价装备保障方案的优劣。

(6)装备使用单元成员,即装备作战单元成员。模拟装备作战单元的任务执行过程以及在执行任务的过程中所经历的故障事件和维修事件,并将其反映到导调成员和相应保障业务类成员。装备作战单元成员一般是一个独立的仿真系统,它可以仿真出本单元运行过程中的性能参数和装备故障,并向其他联邦成员发送需要的信息。保障对象模型和装备保障过程的部分内容在该联邦成员中实现。

5.5 基于 HLA 的装备保障仿真评估运行流程

　　装备保障仿真联邦开始运行后,各个联邦成员启动并加入联邦,向仿真管理成员发送加入成功的交互,然后等待命令;想定管理成员根据想定方案,设置仿真初始态势,将作战任务分解至并向仿真管理成员通知初始化设置完毕;仿真管理成员向顶层装备指挥机构发出初始化设置完毕的命令,顶层装备指挥机构收到初始化设置完毕的命令后,从指定数据文件中读取装备保障想定,并根据需要调整保障计划,调整完毕后向仿真管理成员通知保障计划调整完毕;仿真管理成员收到保障计划调整完毕的交互后,向其他联邦成员发送仿真初始化的命令;其他联邦成员收到仿真初始化命令后,从指定的数据文件中读取相关的初始化想定数据,初始化完毕后向仿真管理成员发送初始化完毕的交互;仿真管理成员确定所有成员都完成初始化后,设置仿真时间,向各个联邦成员发送开始仿真的命令。仿真初始化的运行过程如图 5 - 8 所示。

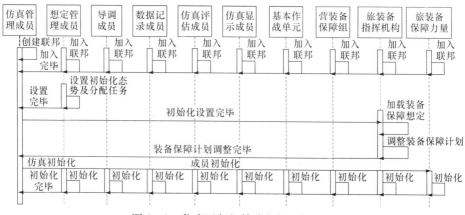

图 5 - 8　仿真运行初始阶段的运行过程

　　接到开始仿真的命令后,装备作战单元成员根据编成以及分配的作战任务,不断产生自然故障、战场损伤以及预防性维修请求;首先由自身保障力量成员对其进行保障,若超出自身保障力量的能力,则向装备指挥机构上报情况;然后装备指挥机构根据上级保障力量的情况对下级保障力量进行支援;当达到计划的备件补充时机或备件数量低于标准量时,装备保障力量向装备指挥机构请求补充备件,装备指挥机构根据上级保障力量的情况对下级装备保障力量进行备件补充。

当到达作战任务结束时间时,仿真管理成员向其他联邦成员发送仿真结束的命令;并判断全部仿真是否结束;若仿真次数到达预定次数,则全部仿真结束,否则仿真管理成员再次向其他联邦成员发送开始仿真的命令;仿真评估成员根据仿真数据进行评估,给出评估结果。仿真运行和结束阶段的运行过程如图 5 - 9 所示。

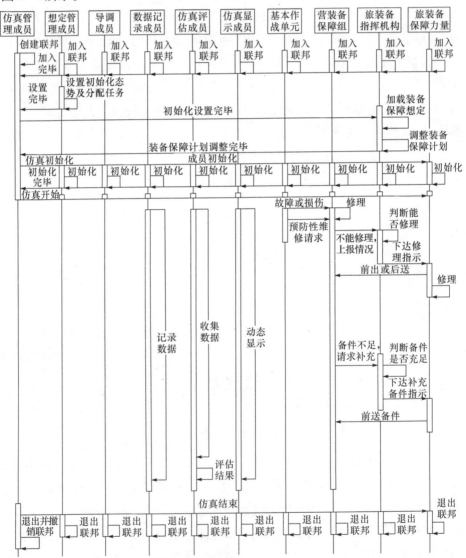

图 5 - 9   仿真运行和结束阶段的运行过程

5.6　示例分析

5.6.1　任务想定

　　某防空旅由导弹 1 ~ 3 营,高炮 4 ~ 6 营以及直属营、修理营组成。在一次演习中,该旅导弹分队承担集团军指挥所的防空支援任务,要求 9 月 11 日 18 时前进入阵地,9 月 21 日 18 时结束任务。接到上级命令后,该旅派出以导弹 1 ~ 3 营执行作战任务,导弹 1 营于 9 月 11 日 8 时由驻地出发,使用 10 号公路以公路行军方式机动至军指挥所附近展开防守,抗击来袭之空中目标,保卫军指挥所的安全。导弹 2 营、3 营于 9 月 11 日 9 时由驻地出发,使用 11 号公路以公路行军方式机动至军指挥所附近展开防守,抗击来袭之空中目标,保卫军指挥所的安全。同时,旅装备部决心,由修理营派出部分人员与导弹营自身保障人员携带部分备件和保障装备组成三个营装备保障组,分别伴随导弹 1 ~ 3 营机动,执行伴随保障任务。旅修理营组成装备保障群配置于相应地域,为部队提供维修保障支援。

5.6.2　任务分析与描述

　　该旅导弹营装备的导弹武器系统是针对低空和超低空的空中目标而设计的防空装备作战单元。它能够自主全天候高性能工作,并且能够在行进间完成跟踪和射击。在历年的打靶和演习任务中,该旅积累了大量的使用和装备保障数据。

　　该旅是弹炮合一的防空装备作战单元,由导弹 1 ~ 3 营和高炮 4 ~ 6 营以及直属营、修理营构成。导弹武器系统以营为装备作战单元,每营含一个导弹连和一个保障连。

　　该旅的典型任务包括作战任务和训练(演习)任务。本例以该旅装备作战单元训练(演习)任务为基础进行分析和仿真。重要目标的防护和对空火力拦截是该旅在作战中担负的主要任务,同时它也是一个过程比较复杂的使用任务,可以分解为一系列顺序执行的基本任务。并最终简化为如图 5 - 10 所示的行军、展开、搜索(射击)、撤收等四个顺序执行的基本任务。

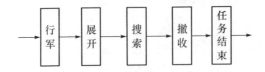

图 5 - 10   装备作战单元任务简化分解

由该旅任务想定可知,本次任务由三个导弹营分四个阶段完成。假设三个营中有两个营的任务成功,则旅的任务成功,因此三个营任务之间是并行表决的关系。各阶段任务的成功性可做如下假设:在行军阶段任务持续时间为3h,只要在3h内发生致命故障的时间不超过0.5h,就算任务成功;在搜索任务阶段任务持续时间为240h,只要在240h内发生致命故障的累计时间不超过10h就算搜索任务成功。在展开、撤收任务阶段由于任务时间短以及任务要求的原因不考虑维修。

为了直观起见,采用IDEF3模型的任务描述方法对任务进行描述,IDEF3模型的任务描述图元描述,如表5 - 5所列。

表 5 - 5   交 汇 点 的 符 号 与 类 型

符号	名称	关系	描述
→	连接线	串行与	连接线起始点的任务结束后,连接线结束点的任务才能开始
|&|	异步与	并行与	交汇点前的所有子任务必须完成
|O|	异步或	并行或	交汇点前的所有子任务中的只要有一个完成即可
|x|	异或	串行并联	交汇点前的所有子任务中必须有一个完成
|k/n|	表决	并行表决	交汇点前的所有子任务中至少有 k 个完成

IDEF3模型描述旅作战任务如图5 -11所示。

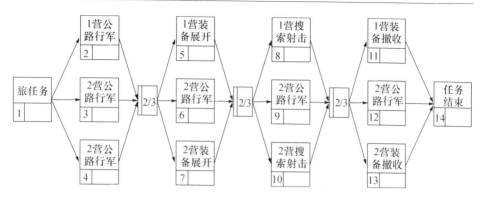

图 5-11　装备作战单元任务过程 IDEF3 模型

5.6.3　数据输入与分析

由于各营装备相同,所以在数据分析时选取其中一个营的数据即可。由导弹营担负的任务分析可知,本次防空任务要求每个营的参战装备分别完成公路行军、阵地展开、搜索射击和阵地撤收四个基本任务。其中,公路行军基本任务对应功能模块为装备的底盘系统,阵地展开基本任务对应功能模块为装备的底盘系统和火控系统,搜索射击基本任务对应功能模块为装备的火控系统、火力系统和雷达系统,阵地撤收基本任务对应功能模块为装备的底盘系统和火控系统。

在数据采集过程中将武器系统内所有装备的故障种类归纳整理,通过计算可以得到整个装备作战单元武器系统的底盘系统、火控系统、雷达系统和火力系统的可修系统部件的故障概率。上述四个功能模块对应的可修系统部件的相关参数如表 5-6 所列,其中 k 表示每类可修系统部件任务要求最小工作件数量。

表 5-6　装备功能模块可修系统部件对应参数表

装备	编号	装机数量	故障率	修复率	k
底盘系统	01	18	0.0022	0.07	1
	02	18	0.0020	0.09	1
火控系统	03	4	0.0005	0.04	1
	04	4	0.0007	0.08	1
	05	4	0.0004	0.07	1

（续）

装备	编号	装机数量	故障率	修复率	k
火力系统	06	4	0.0004	0.07	4
	07	4	0.0010	0.06	1
	08	4	0.0007	0.08	1
雷达系统	09	8	0.0008	0.15	1
	10	8	0.0005	0.12	1

在每个基本任务执行期间,要求所有装备均处于能执行任务状态,武器系统中所有可修系统部件均必须处于能执行任务状态。作战任务中,该旅将一个修理营部署在导弹营的后方,和装备仓库组成旅装备保障群负责向导弹营提供执行任务期间的保障支援。同时,根据任务要求,为导弹营提供伴随保障的营装备保障组也会根据任务需求携行一定数量和种类的备件。各导弹营在任务开始时刻工作件数量、故障件数量和携行备件数量,如表5－7所列;装备作战单元任务相关数据,如表5－8所列。

表5－7 导弹营装备可修系统部件统计表

可修系统部件标号	导弹1营			导弹2营			导弹3营		
	工作件数量	故障件数量	携行备件数量	工作件数量	故障件数量	携行备件数量	工作件数量	故障件数量	携行备件数量
01	18	1	4	18	0	4	18	0	4
02	18	0	4	18	1	4	18	1	4
03	4	0	1	4	1	1	4	1	1
04	4	0	1	4	0	1	4	0	1
05	4	0	1	4	0	1	4	0	1
06	4	1	2	4	0	2	4	0	2
07	4	0	2	4	0	2	4	0	2
08	4	0	1	4	1	1	4	1	1
09	8	0	1	8	0	1	8	0	1
10	8	0	1	8	0	1	8	0	1

表 5-8　装备作战单元任务相关数据表

基本任务	行军	展开	搜索	撤收
基本任务涉及到的功能系统	底盘系统	底盘系统、火控系统	底盘系统,火控系统、火力系统,雷达系统、	底盘系统,火控系统
任务时间/天	0.3	0.07	10	0.07
工作时间/天	0.25	0.0625	9.583	0.0625
是否允许修理	是	否	是	否
转入概率	0.9	0.85	0.82	0.78

注:转入概率是指当本阶段任务成功结束后,以多大的概率转入下一个阶段。对于第一个阶段来说,则表示任务开始时装备作战单元的完好率

5.6.4　装备保障仿真评估运行

装备保障仿真联邦各成员开发完毕后,仿真联邦按照各自的功能加入联邦开始运行。首先运行 PRTI;然后各联邦成员经过初始化后加入联邦,并进行任务描述,想定管理成员提取每个子任务的任务名称、执行单元、任务目标、任务起始时间等属性,生成 SendMission 交互类(表示导调成员向装备作战单元联邦成员下达带保障要求的作战任务),并将交互类发给所有的装备作战单元联邦成员。装备作战单元联邦成员根据 SendMission 交互类的 Object 参数值(任务执行单位 ID)确定哪些任务是自己的任务。根据 Type 参数(下达任务的类型)确定任务的类型。保障指挥机构成员根据导调成员的任务描述模型,为装备保障资源进行分配,生成 SendSupport 交互类(表示保障指挥机构成员向装备作战单元联邦成员分配保障资源),并将交互类发给所有的装备作战单元联邦成员,装备作战单元联邦成员根据 RecUnit 参数值(接收资源的装备作战单元 ID)和 SpareTake 参数值(携带备件数量)确定自己的备件携带量。随后,装备作战单元进入自己内部的仿真程序,当有故障事件或有维修事件发生时,与保障业务类联邦成员发生交互。在以上过程中,仿真评估成员向装备作战单元成员、保障指挥机构成员和其他保障业务类联邦成员等订购评估所需的信息,完成仿真评估,输出结果如图 5-12 所示。

在仿真过程中,采用了多次仿真的方法来获取最终结果,使数据更加准确可靠。

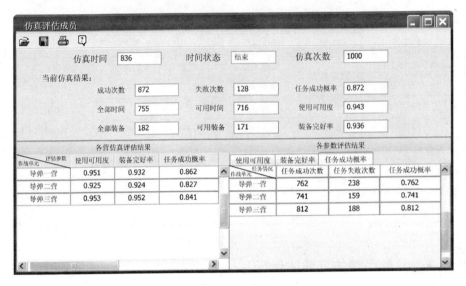

图 5 - 12　仿真评估成员输出结果

最终得到结果如下：

装备作战单元的使用可用度 = 0.943

装备作战单元的装备完好率 = 0.936(为复杂任务结束时的完好率值)

装备作战单元的任务成功概率 = 0.872

在以上结果中,装备作战单元的任务成功概率为 0.872,明显高于装备基本作战单元的任务成功概率,考虑到仿真前针对旅任务成功定义的假设:三个营中有两个营任务成功,则旅的任务表示为成功。所以,该结果也是合理的。

第6章 装备保障方案综合评价概念模型

6.1 概　述

在前面的章节中,陆续给出了装备保障方案的定性分析方法、定量仿真分析方法以及定性与定量相结合的分析方法等,以便独立使用这些方法用于评价装备保障方案。但实际上,装备保障方案的评价是个复杂的问题,不是依靠单个工具或某位专家的意见就可以提供决策判断的,往往需要大量的定性/定量以及定性与定量相结合的分析工具的综合运用,以及多位行业内的专家通过研讨方式群体决策得出评价意见的。

为此,本书借鉴综合集成思想,提出构建装备保障方案综合评价系统(综合研讨平台)的方法,目的是以专家群研讨的方式,集成各种定性/定量分析评价工具、模型方法以及知识信息,从而为装备保障方案评价决策提供手段和支撑。

要构建装备保障方案综合评价系统,则必须首先建立评价的概念模型。装备保障方案综合评价的概念模型主要包括三方面,分别是方案综合评价的流程模型、组织模型与资源模型,三个模型之间通过流程模型建立紧密的联系。流程模型描述的是研讨的过程及其中间的各个研讨环节,组织模型描述的是参与方案研讨的各个角色与用户,资源模型描述的是研讨过程中需要用到的各种软硬件资源。只有把这三方面的信息梳理清楚,方可构建装备保障方案综合评价系统。

6.2　方案综合评价的组织模型

装备保障方案评价的过程实际上是通过专家研讨产生的各种评价信息在不同的组织单元之间流动的过程,特别是对于保障方案从单一评价指标和综合评价指标相结合的角度进行评价,评价任务的执行更与评价组织的构成紧密相关。因此,在建立使用过程装备保障方案综合评价流程模型之前,必须建立组织模型来描述参与保障方案评价研讨的人员及其组成。

6.2.1　组织建模方法

组织模型是用来定义业务机构中人和组织形式的模型,进行组织建模就是定义一个具有适当的组织层次,并对每一层次赋予适当的职责和权限的组织结构。组织层次是在同一级别上将具有相同性质和任务的组织单元集合在一起。

组织模型考虑的是人和组织的职责及权限以及它们之间的关系,包括组织结构的描述、组织单元或基本组织单元的描述、人员描述等。这里主要使用组织单元、基本组织单元、工作组、角色等概念来描述组织模型。

(1) 组织单元(OU)。在组织模型中,组织单元人员、基本组织单元或低层组织单元构成组织单元间的隶属关系构成业务的组织结构树,以描述静态层次结构。

(2) 基本组织单元(BOU)。组织中完成一定基本任务的个人或个人与其他资源的组合,BOU 在组织模型中是稳定的、不可再分的,主要由人员组成。

(3) 工作组(WG)。为执行某一特殊任务而动态组建跨部门的一种人员组合,是动态树状结构的构成元素,工作组由人员组成。

(4) 角色(Role,R)。描述了人和组织在业务流程及活动中的作用以及组织模型与其他模型之间的关联。

利用 CIM - OSA 方法中的组织单元(OU)和基本组织单元(BOU)构建的组织模型,如图 6 - 1 所示。

6.2.2　保障方案综合评价组织模型

从装备保障实际工作的角度将参与保障方案评价的角色分为决策层角色和专家层角色。采用综合集成研讨的方式对装备保障方案进行评价,需要将上述角色区分为系统用户、评价项目用户、研讨用户。系统用户主要负责评价系统的管理与维护、数据库的管理与维护,主要包括系统管理员和数据库管理员;评价项目用户主要负责装备保障评价项目的管理、研讨会议的审批,专指项目管理员;研讨用户是对装备保障方案展开评价研讨的主体,其任务是控制评价过程、参与保障方案评价的研讨,包括研讨主持人、研讨秘书、研讨专家、研讨小组负责人。

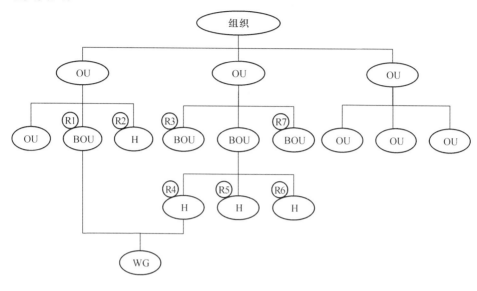

图 6-1　基于组织单元(OU)和基本组织单元(BOU)的组织模型

H—人员;R—角色。

　　为了有效参与和完成装备保障方案评价工作,这三类人员在具体的评价项目中,在同一个评价项目的不同阶段被赋予相应的职责和任务,彼此通过分工协作形成有机整体。按照系统用户的分类,将评价系统的组织结构划分为系统层、评价项目层和研讨层。系统层是整个评价系统的最顶层(顶层 OU),由系统管理员和评价项目层中不同的评价项目组成;装备保障方案评价系统中的每一组方案评价工作都以项目的形式发布和实施,所有的评价项目构成了组织结构中的评价项目层(下层 OU),这一层由项目管理员和研讨任务层中的不同研讨任务小组组成;研讨层由具体的评价团体组成(底层 OU),其内部成员是划分了不同职责的研讨支持人、研讨秘书、小组负责人、研讨专家。这就构成了基于组织单元和基本组织单元的层次化的装备保障方案评价系统的组织模型,如图 6-2 所示。

　　组织模型中每一层用户在系统中担任角色的主要职责:研讨活动的负责人要对整个研讨活动的结果负责,对会议申请进行批复,并对参与研讨的专家名单进行最终决策;研讨专家则是研讨活动的核心,是研讨活动的主体。研讨活动组织者承担保障研讨活动有效运行的职责。因此,研讨任务的完成要通过三者的相互配合和合作。

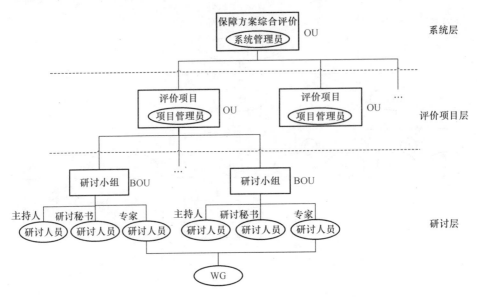

图 6-2　装备保障方案综合评价系统的组织模型

1. 系统用户

系统用户主要是系统管理员、数据库管理员。

（1）系统管理员。一般是由计算机专业人员担任，也可以由熟悉系统的装备保障方案评价参与人员兼任。其具体职责是对保障方案评价系统的管理与维护。

（2）数据库管理员。一般是由保障部门的参谋或业务人员担任，其具体职责包括收集评价资源，例如，相似装备保障方案已有的研讨案例、军事知识、作战任务背景以及其他相关资源等。对研讨资源进行有效的管理，将研讨资源按种类、按形式进行分类归档，建立不同种类的评价资源数据库、模型库、知识库，方便专家在研讨过程中进行查询和调用。

2. 评价项目用户

评价项目用户主要是项目管理员，由装备保障方案评价的组织机构指定人员担任。其具体职责包括：①负责评价项目的组织与管理。作为决策部门和评价组织联系的桥梁，负责发布上级对评价项目的评价任务和评价目标。②负责研讨会议审批。研讨任务层中研讨主持人向项目管理员提交研讨会议申请，项目管理员根据这些信息确定允许研讨会议的举行与否。

3. 研讨用户

研讨层中用户的主要包括研讨主持人、研讨秘书、研讨专家、研讨小组负责人。

1）研讨主持人

在保障方案的评价过程中,对群体成员的适当激励在一定程度上会有效提高评价的绩效,研讨主持人一般由装备保障领域具有较全面了解的、知识渊博的、威望较高的专家担任,对评价过程中保证研讨的正确思路、统观全局起着重要作用。研讨主持人对研讨过程拥有一定的控制权限,通过对发言权的获取与释放、投票表决程序的开启与关闭、研讨的推进与悬停等方式对研讨过程进行控制。主要包括以下职责。

（1）研讨人员管理。研讨申请获得批准后,会议组织者根据会议规模确定研讨人数,并按需求按专业选择参与研讨的专家,邀请专家参与评价研讨,确保研讨的权威性,与会人员首先必须是相关领域的专家。

当研讨专家难以完成研讨任务或者研讨专家出现冗余,需要请示项目管理员,方可以增减与会专家。此外,研讨小组负责人/主持人的任免也由研讨主持人决定。

（2）申请研讨会议。申请研讨会议有着严格的审批程序,必须填写详细的会议信息,说明会议时间、会议名称、召开地点、会议目的、组织机构、会议规模、与会人员、会议日程等详细信息,上交给会议审批部门,等待会议的批准。

（3）研讨结果审核。研讨主持人要对研讨结果进行审查,并决定研讨结果是否生效。如果研讨结果不能达到研讨预期目标,研讨主持人则需要重新组织研讨或对研讨结果进行修改。

（4）会议进程的推进。主持人具有把握研讨会议进程的职责,如开始会议、暂停会议以及结束会议等,此外,还包括研讨会议的阶段转换。

（5）确定研讨会议议程、时间、地点以及研讨方式等。通常,研讨会议将提前设置会议的议程和主要议题,目的是为了使研讨专家在研讨开始之初掌握会议进程,对所参与的评价工作有一个整体的了解,合理安排自己的参与活动。此外,为了确保装备保障方案评价综合研讨的顺利进行,组织者可根据研讨的规模、专家的地理位置和身体状况等实际情况,选择合理的研讨方式以及研讨的时间、地点等。

（6）设置专家权重。设置专家发言、打分或投票的权重值。

2）研讨秘书

研讨秘书主要职责是对研讨会议过程中产生的信息进行记录、整理和存储，协助主持人进行研讨会议召开前的准备、研讨资源的收集与整理以及评价研讨过程中文档的分类和整理。研讨秘书一般是由保障部门的参谋或业务人员担任，其具体职责如下：

（1）研讨信息管理。研讨秘书要密切关注研讨会议的进程，不断整理专家们的意见，概括和归纳其要点，并定时予以发布，使研讨专家随时可以了解研讨的动态以及当前讨论的核心问题等，研讨秘书可以采用多种方式进行记录，如手工输入、录音、录像等方式，为以后查阅专家意见进行意见综合提供依据。

（2）收集和整理资料。

3）研讨专家

研讨专家一般是具有一定权威性的相关领域专家，如研究弹药保障的专家、研究维修保障的专家等，另外，相关装备保障职能部门的业务人员也是可作为选择的对象。其中一部分比较权威的人本身就参与和确定评价任务目标的制定。他们在研讨过程中占主体地位，运用他们的经验、知识与创造力，利用提供的各种资源，探讨影响保障方案优劣的瓶颈和评价关注点，通过与其他专家交流和交互，最终提出对评价议题的思路和意见。

专家通过以下两种主要方式参与研讨：一是在研讨过程中，专家与其他人进行观点或意见的交流，可以通过投票、填写问卷或会议发言等方式进行群体讨论，从而了解其他专家的观点和看法，进而提出自己对所承担的评价任务观点；二是结合自身的经验知识，利用相关的资料和数据，采用适当的分析方法和评价工具，例如，筛选方案评价的参数及参数模型、选择评价方法，调用仿真模型等，从不同角度、不同层次和不同方面对自己的评价意见进行验证和证明。

4）研讨小组负责人

研讨小组负责人从研讨专家中产生，最初的研讨小组负责人由研讨主持人指定，根据问题研讨的需要，研讨小组负责人可以成为某一级研讨过程或某个研讨问题的主持人，可以指定其下级研讨流程的研讨小组负责人。研讨小组负责人应对本小组保障专家的学术水平、任职经历和知识结构等有着相当程度的了解。在评价子任务研讨的小组中履行研讨主持人的某些职责。

6.3 方案综合评价的流程模型

装备保障方案评价项目的实施主要是通过评价流程的运行来实现,即通过此流程,评价项目被分解和转化为可执行并相互关联的活动。活动就是一些具体的评价任务的集合,是一系列业务活动按照不同的关系组合在一起的集合,它反映的是参与装备保障方案评价的专家在装备保障方案评价过程中的活动集合。为了提高评价效率、有效控制评价过程、优化评价结果,有必要对装备保障方案评价工作展开的流程、参与评价人员的行为、评价方式等进行一定的规范。保障方案评价流程与评价过程中专家选择的研讨方式密切相关,研讨方式不同,研讨流程的差别可能很大。

评价流程涉及到专家之间,专家与主持人之间,人与机器之间的交互,以及各种评价资源的调用,如何以综合集成研讨的方式为保障领域专家提供一种结构化、规范化而且灵活的评价流程,是实现保障方案评价的有序、高效进行的关键。

6.3.1 流程建模方法

流程具有很强的逻辑性,仅用简单的文字描述是很困难的,应该尽可能地借助模型。适用于描述流程的模型有很多,在现有的流程建模方法中,最常用的模型有活动图、数据流图和跨职能流程图。它们各有特点,针对性也不同。

根据装备保障方案评价流程的特点,书中的流程模型结构采用网络图的描述方式,这种方式将评价流程看作是一堆节点和连接弧所组成的有向图。其中,节点代表一个研讨任务,连接弧表明任务之间的顺序关系。模型中主要包括三类节点,分别是任务节点、逻辑节点和标志节点。

1. 任务节点

任务节点包括人工节点、自动节点和过程节点。

(1)人工节点是指需要人来参与的研讨任务,通常由研讨参与者从自己的工作列表中选择执行。当某项工作执行完后,可以对此项工作进行提交,并且可以返回某些必要的处理结果。系统不直接负责此任务的具体执行过程,而是密切监视任务的状态,同时负责管理研讨过程中的相关数据。

（2）自动节点是指不需要人参与的，直接由系统负责执行的相关活动，例如，Web 服务的调用，邮件的发送，信息的存取，数据的统计等，自动节点的加入可以提高研讨过程的自动化能力。

（3）过程节点。人工节点和自动节点是研讨流程中的原子级单元，对研讨过程中一个较大的研讨任务，此类原子级单元的数量将大大增加，会影响到参与评价人员对整体评价过程的把握和理解。因此，在模型设计中，添加了过程节点，将某些关系比较紧密的任务集合起来，在图上以一个节点表示，即用"过程"表示。过程实际上就是一个子流程，它的引入可以增强模型的表达能力，使得模型具有层次化的概念，如有需要，则可将过程节点进一步展开。本书中的任务节点统一使用图形 ▨ 表示。

2. 逻辑节点

逻辑节点包括与分节点、与合节点、或分节点、或合节点与循环节点。

与分节点和与合节点相对应，当与分节点收到前驱节点已完成的信息后，它的所有后继节点随之进入开始工作状态；与合节点等待前驱节点的完成，当与合节点的前驱节点全部完成，与合节点通过，它的后继节点进入工作状态。与分、与合节点如图 6-3 所示。

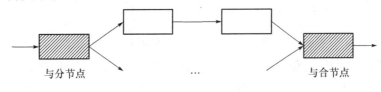

与分节点　　　　　　　…　　　　　　　与合节点

图 6-3　与分、与合节点

或分节点和或合节点相对应，同与合节点不同的是，或合节点始终等待前驱节点的完成情况，当其某一个前驱节点已经完成时，或合节点即已通过，或合节点的下一个节点进入工作状态。

保障方案评价的综合集成研讨的进行不是一蹴而就的，多数情况下需要在确定的研讨任务上反复进行，从而加深对任务的理解；或者在过程中，对某些问题进行反复表决，从而得到所需要的研讨结果。为了满足此类研讨要求，在研讨模型中加入了循环节点。当流程运行到循环节点时，根据建模时的设置，若满足循环节点的既定条件，则循环节点获得通过。循环节点未开始执行的后继节点进入工作状态，如果通过条件未满足，则进入循环过程，流程将自动流转到前面的某个节点。循环节点如图 6 - 4 所示。

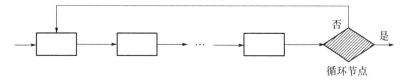

图 6 - 4　循环节点

3. 标志节点

标志节点包括开始节点与结束节点。开始节点用图形表示。开始节点是某个研讨人员进入研讨流程模型的入口节点,开始节点没有前驱节点,当保障方案评价进入一个新的评价阶段时,第一个被激活的就是本阶段的开始节点,然后由开始节点顺次执行其后继节点的任务。为了清晰地表达研讨流程的完整性,与开始节点相对应的,引入结束节点,结束节点用图形表示。结束节点是一个研讨流程模型的出口,它无后继节点。一旦流程运行到结束节点,则标志整个流程的结束。通过此类标志节点的引入,可以简化对流程开始的定义与结束的判断。

6.3.2　方案综合评价总流程

针对装备保障方案综合评价的需要,遵循综合集成研讨"分析问题—解决问题—总结问题"的思想路线,本书提出了"装备保障方案综合评价"的四个阶段划分,即保障方案评价准备阶段、保障方案研讨阶段、评价意见收敛阶段、评价结论生成阶段。使用过程装备保障方案综合评价总流程,如图 6 - 5 所示。

6.3.3　方案综合评价准备流程

1. 保障方案综合评价准备总流程

保障方案综合评价工作是在确定了某一个作战想定,针对这个作战任务制定了一个或多个装备保障方案的基础上展开的。即每一个使用过程装备保障方案综合评价项目对应一个作战想定(含各层基本指挥所的想定)、一个任务系统模型以及若干套给定的装备保障方案,一套保障方案包括若干个保障层次的保障方案/计划。

121

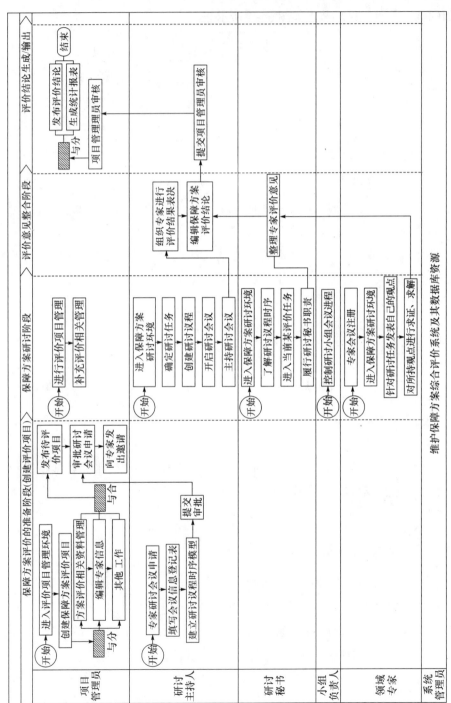

图6-5 使用过程装备保障方案综合评价总流程图

保障方案综合评价准备的主要工作是保障方案综合评价工作筹划,收集保障方案综合评价所需的其它相关信息和资源,并依据上级保障机构的评价要求对研讨会议进行前期规划,为开展保障方案综合评价做好基础工作。评价准备阶段细分为评价工作筹划、研讨会议的申请与审批、研讨会议准备。参与保障方案综合评价准备的人员包括项目管理员和研讨主持人,保障方案综合评价准备总流程如图 6-6 所示。

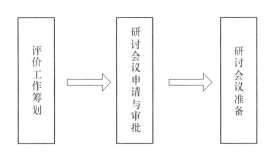

图 6-6　保障方案综合评价准备总流程图

2. 保障方案综合评价工作筹划

保障方案综合评价工作筹划是保障方案评价准备工作的第一步,其主要任务是成立保障方案评价工作组,熟悉作战任务及其保障要求,确定评价的目标、作战任务想定、资源约束等相关信息,明确工作组中人员分工等。

3. 研讨会议申请与审批

研讨会议申请与审批是保障方案综合评价准备工作的第二步,主要的工作是:研讨主持人制定保障方案评价研讨会议的计划、填写研讨会议申请表,并向项目管理员提交会议申请;项目管理员对研讨会议进行审核,决定是否批准会议的召开。选择拟邀请专家并向其发出邀请,邀请专家主要包括几步。

1) 研讨专家选择及邀请

根据不同的评价任务和要求,通过评价任务、目标与领域专家的研究专长、从事专业、职称和职务之间的匹配程度从专家库中选择适当的研讨专家。筛选的过程为从专家库中检索与设定条件匹配的专家,并按照预选的条件进行排序,研讨主持人权衡的专家信息,选定邀请参加评价研讨的人员,同时允许主持人通过电子邮件的方式向受邀人员请发出会议邀请。

2）设置初始研讨专家权重

研讨主持人对拟参与研讨专家的权重进行初始的设置,包括职务权重和技术等级权重。研讨专家的权重的确定途径有两个:一是主持人根据一定的权重算法直接给出;二是在研讨进行过程中根据专家的发言情况实时计算得到,研讨会议申请与审批流程如图 6-7 所示。

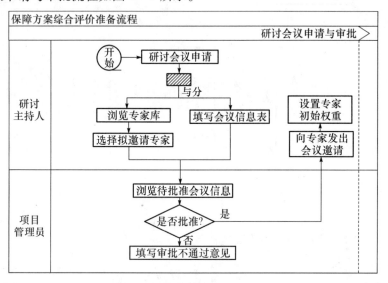

图 6-7　研讨会议申请与审批的流程图

4. 研讨会议准备

研讨会议准备是保障方案评价准备工作的第三步。主要的工作包括:硬件设备调试、数据库的维护、评价工作相关资源的收集整理、模型的建立等。由评价组织机构在评价开始之前组织相关单位、相关领域人员共同完成。

6.3.4　方案评价专家研讨流程

1. 专家研讨支持流程

本书结合对复杂性问题进行研讨的一般过程,分析保障方案评价的研讨特点,将专家研讨支持流程划分为如图 6-8 所示的五个阶段:确定保障方案评价研讨任务、确定评价任务分工、确定评价子任务的评价标准、评价子任务研讨、专家意见收敛。

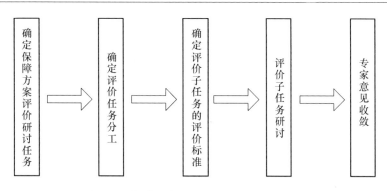

图 6-8　保障方案评价专家研讨支持流程图

2. 确定保障方案评价研讨任务

确定保障方案评价研讨任务是装备保障方案评价研讨的第一步,主要目的是在研讨开始之前进一步明确装备保障方案评价的研讨任务。在评价准备阶段,已经给出与保障方案评价相关的任务想定背景、评价的约束条件(包括保障要求、评价目标、装备保障现状等),在正式研讨开始之前,参与研讨专家可以自行查看以上信息。从而消除与会专家的理解偏差,形成对保障要求、评价目标、需要研讨的主题的统一认识,同时增强专家的相互了解,为研讨过程中专家知识经验的充分发挥奠定基础,研讨任务流程如图 6-9 所示。

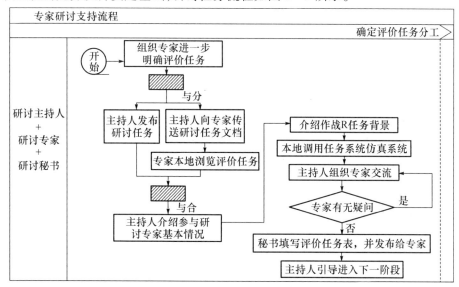

图 6-9　研讨任务流程图

3. 确定评价任务分工

在进一步明确了评价任务之后,根据上级装备保障机关所提出来的保障要求、作战任务想定提供的信息和装备保障方案评价的目标,参与保障方案评价的研讨专家应当对于评价任务目标、资源约束、时限等形成共同的认识。由于保障方案评价的复杂性特征,需要将评价任务分解为一个评价子任务集。每个评价子任务都有自己的评价目标、研讨组织方式、评价标准、模型以及研讨专家的构成等。而评价子任务如何划分也是通过研讨得到的,即保障方案评价子任务的确定作为单独的研讨任务存在。

(1) 由研讨主持人选择一种子任务分解研讨策略,综合评价过程提供三种研讨策略,分别为由专家直接指定分解方式、从已有的分解方式中选择、由专家提出新的分解方式。

(2) 在选定的研讨策略下,研讨主持人组织研讨专家对分解方式进行研讨,以最终确定。这一过程通常会循环进行若干轮。

(3) 经过专家研讨将平价任务分解以后,形成一个个评价任务集,每个任务集最终分配到相应的专家组,各组专家的研究领域、专业层次、职务等不同,研讨专家组成员主要从与会人员名单中选择,如果待评价子任务有特别专家需要,也可临时邀请个别研讨专家。评价子任务与专家组、专家与专家组并不是一一对应的关系,同一个评价子任务可以邀请多个评价子任务专家组进行研讨,同一个专家也可以接受不同评价子任务专家组的邀请,有时候,某个评价子任务也需要全体专家共同研讨。

研讨子任务流程如图 6－10 所示。

保障方案综合评价系统在案例库中提供若干种保障方案评价任务分解方式,当现有分解方式不能满足专家要求时,专家可以添加新的模板。如下列举的主要的三类分解模板:

(1) 按照保障功能。将保障保障方案评价任务分解为装备部署保障评价子任务、装备保障防卫评价子任务、装备保障通信评价子任务、装备维修保障评价子任务、装备供应保障评价子任务、装备训练保障方子案等。

(2) 按照保障力量编制。某营装备保障评价子任务、某旅装备保障评价子任务、某军装备保障评价子任务、陆军装备保障评价子任务、海军装备保障评价子任务等。

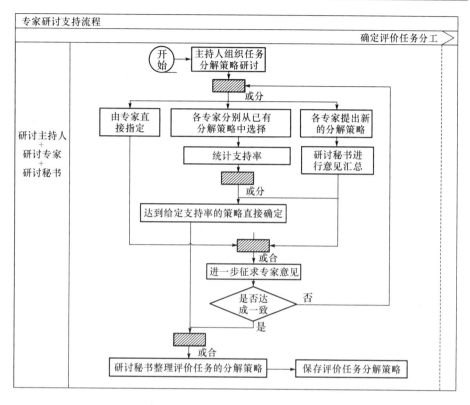

图 6 - 10　研讨子任务流程图

（3）按照保障任务的时序。驻地准备阶段的装备保障评价子任务、行军阶段的装备保障评价子任务、战斗阶段的装备保障评价子任务等。

4. 确定评价子任务的评价标准

确定装备保障方案评价子任务评价标准是保障方案评价研讨的第三步,是以使用过程装备保障方案综合评价目的和作战任务对装备保障系统的要求为基础。为了使保障方案的评价结果全面、客观、科学,需要在研讨专家进行保障方案的评价之前:首先要分析评价目标、评价标准及其相互联系,建立公认的评价参数体系、量化的评价指标,以确立保障方案"好"的公认度;然后通过一定的数学模型求解所要评估的参数值,即建立参数计算模型,从对评价参数的含义和用途出发,选取合适的参数模型。

（1）由研讨主持人选择一种评价子任务的评价标准研讨方式,分别为由决策层专家直接给定、对已建立的评价标准进行讨论和修改、由专家研讨产生新

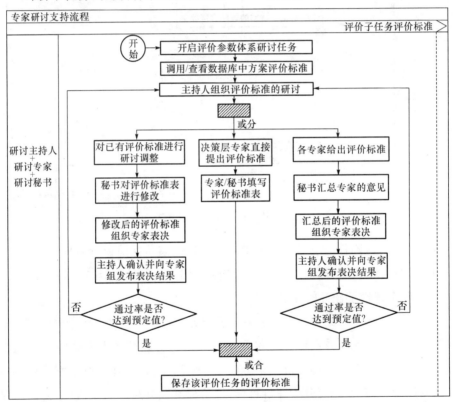

的评价标准。

（2）在选定的研讨策略下，第一种策略不需要专家研讨可以直接确定，后两种需要研讨主持人组织研讨专家进行反复研讨，这一过程通常会循环进行若干轮。

（3）研讨得到的评价标准提交专家组进行表决，若表决结果达到预定的比例，则将其最终确定为本评价任务的评价标准，并存入数据库中；否则，由主持人决定是否需要重新选择研讨策略。

评价子任务的评价标准的流程如图 6 - 11 所示。

图 6 - 11　评价子任务的评价标准流程图

5. 评价子任务研讨

评价子任务研讨是保障方案评价研讨的关键环节，其目的就是将复杂评价任务分解成的评价子任务进行分别研讨。我们借鉴综合集成研讨中提出的同步研讨—异步求证—同步研讨的流程,对应评价子任务的研讨会议进行的每一个阶段,主要针对综合集成的三种内容或方式,即定性综合集成、定性定量相结合的综合集成,以及从定性到定量的综合集成。

其过程描述如下:

(1)召开评价子任务研讨的专家会议,从对评价任务的定性的描述性讨论开始,利用会议准备阶段收集的各种数据、信息和专家的经验知识,专家对研讨主持人确定的本次研讨议题各抒己见,通过互动在一定的时间压力下得到定性的推想或判断,即达到定性综合集成。

(2)进入异步求证阶段,根据上一阶段得到的阶段性评价意见,研讨专家在规定的时间内自行选择研讨时间,独立发表自己的观点,或对其他人的已有观点进行评价,这一阶段相对来说时间的压力较小,允许研讨专家调用模型、方法和系统提供的工具进行定量的分析求证,人机结合为主,得到研讨专家个人证实的结论,即达到定性与定量相结合的综合集成,提交到下一个同步研讨阶段。

(3)在重新汇聚的研讨中,专家组对不同地定性定量评价的各种分析结果进行总体综合分析与论证,可能再次反复运算定量模型,力求实现从定性到定量的综合集成。

(4)子任务研讨结束后,研讨秘书撰写评价子任务评价报告,评价子任务得到的评价报告可以是明确的评价结论,也可以是某些评价意见,说明评价子任务中存在的问题,以便进一步的工作安排。

评价子任务研讨流程如图 6 - 12 所示。

6. 专家群体意见收敛

专家群体意见收敛过程既存在于评价子任务的研讨中,也是使用过程装备保障方案综合评价的一个重要阶段,其最终目的是使研讨专家群体的分散化思维最终达成一致。在保障方案综合评价的专家研讨过程中,研讨的问题可能是定性的也可能是定量的,可能是结构化的也可能是非结构化的,根据研讨采取方式的不同,专家群体给出的评价意见的表达方式也不同。例如,描述性的自由文字发言、投票结果、定量的打分、问卷调查等。在 3.4.4 节中已经对使用过程装备保障方案综合评价中专家群体意见收敛进行了深入研究,这里仅建立专家群体意见收敛流程,其他不再赘述。

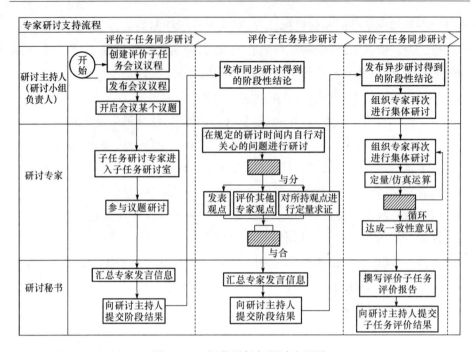

图 6-12　评价子任务研讨流程图

专家群体意见收敛流程如图 6-13 所示。

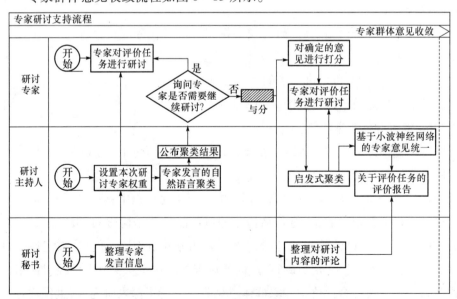

图 6-13　专家群体意见收敛流程图

6.3.5　方案评价结论生成流程

装备保障方案评价结论的生成是评价工作的最后一环,通过上述评价研讨活动,保障领域专家对确定的评价任务充分研讨,然后通过专家意见的收敛过程形成若干个阶段性的评价意见。最后专家群体要综合得到的评价意见,生成最终对装备保障方案评价结论,即共同研讨形成最终的定性分析与定量描述相结合的保障方案评价结论。

方案评价结论包括四个阶段:①进入保障方案评价结论的创建阶段,在评价结论创建之前,可以查看各评价子任务研讨中产生的阶段性评价意见;②进入保障方案评价结论的编辑阶段;③结构化评价结论生成后,经过研讨专家群体的再确认,进入保障方案评价结论的输出阶段;④进入保障方案评价结论的浏览阶段,提供查看评价结论的功能,选择要查看的保障方案的层次和内容。另外,允许有权限的用户通过视听服务回放评价结论的生成过程。

评价结论生成后交由保障指挥决策层进行审核,评价过程中产生的新经验新知识经过评价组织机构评定后将添加到知识库中,评价流程模型可以经过选择后加入模型库中,评价过程中生成的日志将打包添加进保障方案评价案例数据库中,从而对以后的研讨起到启发和参考作用,这样使得使用过程装备保障方案综合评价系统的评价能力在评价的过程中得到不断的增强。

6.3.6　主持人控制流程

以往的群体支持系统通过在群体任务、主意生成以及群体沟通方面提供多种工具辅助以提高群体工作的效率和效果,可以提高群体工作的效率并减少项目时间。研究表明,虽然决策支持系统(GSS)平均可以减少50%的成本和90%的项目时间,但其实际的利用率并不高,经验和理论均表明仅仅提供技术并不能带来群体的效率和效果,因此主持人对过程的支持和引导作用成为一个关键因素。保障方案综合评价的研讨采用以研讨主持人主导的模式,在整个保障方案评价过程中,研讨主持人的支持和引导作用主要体现在对评价流程的管理和对评价流程的控制中。

1. 评价流程管理

评价流程管理的目的是实现项目管理员和研讨主持人对保障方案评价项

目中的各评价流程进行有效管理。其主要工作为评价流程文档的创建与编辑，评价流程的创建与编辑，评价流程的申请、审批与发布。

（1）由项目管理员依据装备保障要求和保障方案评价要求，创建评价流程建议，建议为研讨主持人提供三种选择，即创建新流程、直接引用已有流程和修改已有流程，用于说明保障方案评价项目的评价流程以何种方式进行创建，此建议遵循规范的格式，同时保留建议记录表。

（2）研讨主持人查看项目管理员提供的评价流程建议，决定是否接受此建议。若接受，按照建议生成本次保障方案评价项目的评价流程；否则，向项目管理员提出修改建议。

（3）研讨主持人将本次评价流程提交项目管理员审批。审批通过后，发布评价流程并存档；否则，重新编辑对本次保障方案评价的评价流程建议。

评价流程管理流程如图 6－14 所示。

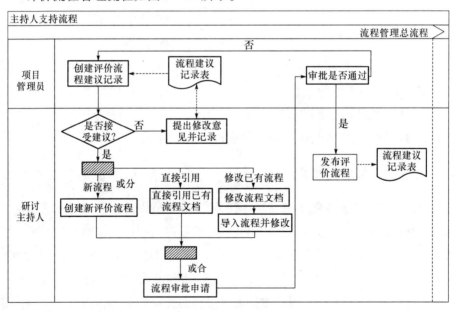

图 6－14　评价流程管理流程图

2. 研讨流程控制

研讨流程控制的目的是引导保障方案评价工作推进和各研讨阶段的转换，并方便地处理专家研讨流程运转时的各种例外。研讨主持人对研讨流程的控制贯穿于整个保障方案评价研讨流程中,在此仅对研讨主持人流程控制的主要内容进行描述。

（1）利用日志库记录研讨过程中所发生的事件,这一过程由系统自动处理,其中记录的主要事件包括:每项研讨任务的开始和完成时间,保障专家发言频率,某种评价资源的使用轨迹(调用的人员、调用的时间、对资源所进行的操作),研讨过程中所发生的异常。研讨主持人在评价研讨过程中对日志库进行实时的查询,并且根据需要对其中的结果进行统计。

（2）利用可视化界面监控研讨流程中正在运行的各种信息,其中包括:保障方案评价研讨各任务的执行状态,即进行中、已完成、未开始、悬停,以及研讨任务的执行情况等。研讨主持人通过综合评价系统提供的流程控制界面掌握研讨流程的推进状态,并为参与研讨的保障专家提供研讨信息的统计结果。

（3）对研讨过程中参与研讨专家行为的管理与控制。

（4）研讨过程中出现异常的处理。

6.4　方案综合评价的资源模型

资源模型描述保障方案评价综合研讨中所有资源的结构(分类)、每一种资源的属性以及各种资源的逻辑关系。

研讨资源是保障方案评价不可缺少的条件之一,其数量繁多、种类复杂,涉及的领域和范围较为广泛。保障方案评价的研讨资源主要包括研讨所需的研讨工具和技术、相关资料以及软/硬件,如图 6 – 15 所示。

1. 研讨工具和技术

（1）仿真工具。采用现代仿真技术和模拟技术集合而成,对研讨结果进行验证和权衡,实现了从经验到理论、从定性到定量的综合集成。

（2）决策支持工具。辅助研讨专家进行决策,即为保障方案评价过程提供相应的工具和方法支持。主要包括智暴过程、因果分析、流程图、数据分析、投票工具等。

（3）音/视频工具。利用音视频会议系统,实现专家之间音视频的实时交互,使研讨专家可以进行声音和图像的"面对面"的交流。

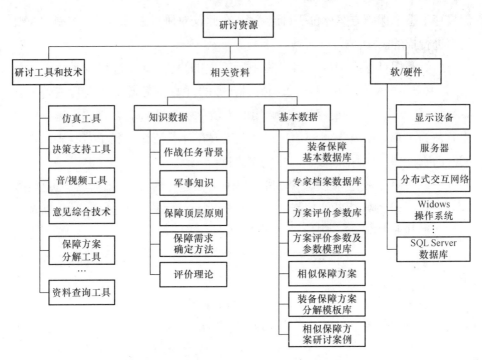

图 6 – 15 保障方案评价综合研讨的资源模型

（4）意见综合技术。对研讨专家发散化的思维进行收敛,从而达成一致的意见的技术和方法,如名义群体法、德尔菲法、AHP 法、头脑风暴法等。

（5）保障方案分解工具。根据保障方案分解模板开发的工具,为研讨专家对保障方案分解提供支持。

（6）资料查询工具。为研讨专家在研讨过程中对评价资料的查询和调用提供支持,包括搜索引擎、目录服务等。

2. 相关资料

1）知识数据

（1）作战任务背景。作战任务背景是进行保障方案评价研讨的前提。作战任务背景主要是了解部队的作战目的、主要作战方法、在上级编成内担负的作战任务和作战地位、配属部（分）队数量、作战对象及其配置、主要作战方向、开进路线、方向、以及完成作战准备的时限等。

（2）军事知识。

① 战役战术原则:在执行保障任务时必须遵循的战争规律和作战原则。

② 兵力兵器使用规则：在动用保障人员、武器装备时必须遵循的相关规则。

③ 典型的作战想定：反映指挥员作战意图的典型战役的具体作战实施计划和方案。

（3）保障顶层原则。保障顶层原则是装备保障工作必须遵循的准则。制定装备保障方案、执行装备保障任务，进行装备保障活动，必须以保障顶层原则为依据。

（4）保障需求确定方法。保障需求确定方法主要是判断在不同任务需求确定方法是否合理，以及在方案评价过程中数据可以回放，便于专家进行对比分析。

（5）评价理论。评价理论包括评价原则、评价方法与评价模型等相关知识，用于辅助专家进行保障方案评价。

2）基本数据

（1）装备保障基本数据库。装备保障基本数据主要包括在编装备的数质量情况、保障力量现状以及保障物资储备情况等，为研讨专家查询和分析保障方案中相关数据提供依据。

（2）专家档案数据库。专家档案数据库主要是为组织者或负责人提供专家个人信息，为保障方案评价的研讨选择适当的专家。

（3）方案评价参数及参数模型库。方案评价参数及参数模型库主要是提供保障方案评价的相关参数及其模型，为专家筛选合适的方案评价参数及模型提供依据。

（4）相似保障方案。相似保障方案主要是指具有相似保障任务的保障方案，以其保障方案内容作为保障方案评价的参考。

（5）装备保障方案分解模板库。装备保障方案分解模板库是指可以将保障方案按照一定规则划分为若干个子方案的规范，这样可以将一个复杂的保障方案评价任务分解为若干个子方案的评价任务，有利于方案评价的研讨，装备保障方案分解模板库则是为研讨专家提供分解保障方案的标准和范本。

（6）相似保障方案研讨案例。相似保障方案研讨案例主要是指与本次研讨任务相似的保障方案评价已有的成功的或失败的研讨案例，通过回放其研讨过程，借鉴成功的经验和失败的教训，为本次研讨顺利进行提供支持。

3. 软/硬件

软/硬件主要包括所需最基本的计算机硬件和软件系统,如显示设备、服务器、分布式交交互网络和相关的操作系统以及数据库等软件,是专家进行研讨的基本平台。

第7章 装备保障方案综合评价系统设计

7.1 装备保障方案综合评价系统的设计目标和设计原则

7.1.1 设计目标

装备保障方案综合评价问题需要组织和协调多学科、多领域专家在装备保障方案评价中的作用,针对某一给定的作战任务想定所制定的装备保障方案,在综合评价系统上展开综合集成研讨,从而得到更为科学的评价结论。鉴于此,保障方案综合评价系统设计的目标是:以综合集成方法论为理论依据,参照已有的综合集成研讨厅系统,根据装备保障方案评价的特点,开发一个适用于装备指挥部门和相关科研机构对装备保障方案评价进行科学管理,具有信息查询、模型分析、定性分析与定量计算相结合、可视化表示以及决策支持等功能,能提供全过程、多层次的信息服务,有效地提高装备保障方案评价水平的研讨平台,为装备保障方案评价决策提供科学依据和技术支撑。

综合评价系统能够在评价的过程中为评价参与者提供支持,以主持人主导整个研讨活动的推进,专家对待评价的各级装备保障方案充分研讨,通过各保障领域的专家研讨和权衡,提出对装备保障方案的评价意见和改进建议。已开发的作战想定编辑软件、三个建模系统(使用任务系统、保障对象系统、保障系统)和综合保障仿真评估系统是作为软件支持工具提供给用户的,已建成的智能数字会议室作为硬件平台为研讨活动提供支持。研讨系统集成现有的软/硬件环境,遵循规范化的研讨流程。

7.1.2 设计原则

1. 系统要满足多层次装备保障方案评价的需要

装备保障方案评价首先由研讨成员提出定性判断,然后运用定量方法对定性判断进行分析,即评价成员与研讨环境首先在比较抽象的定性层次上进行交互,生成初步评价意见后再交由研讨环境进行定量处理,层层递推,最终得出满足保障任务需求的装备保障方案。因此,使用过程装备保障方案综合评价系统的构成和研讨活动应当是层次化的。

2. 系统要满足研讨专家的使用需求

在装备保障方案评价过程中,将不同学科、不同领域专家集结起来,充分发挥他们的经验知识及个人智慧,利用系统中提供的资源信息,从不同层次、不同方面和不同角度来对某个装备保障方案进行评价,研讨专家不仅要发表自己对某个问题的认识,还要了解其他成员的见解,并与其他成员进行观点的交锋和意见的交流,使研讨专家之间在讨论时互相激活,互相启发。因此,使用过程装备保障方案综合评价系统的设计要便于研讨专家的研讨交互和信息调用。

3. 系统要满足研讨服务的集成需求

服务是保障综合评价系统有效运行的各种支持活动,包括数据服务、仿真服务、知识服务,Web 服务、会议服务、专家交互服务、视听服务等,因此,使用过程装备保障方案综合评价系统的设计必须将这些服务功能集成起来,使各项服务的功能实现最大化。

4. 系统要满足信息资源的集成需求

信息资源是进行装备保障方案评价的基础,信息资源涉及范围广,数量大,而装备保障方案评价的信息资源要求做到真实、有效、分类完善,提取方便且便于跟踪检测。因此,在使用过程装备保障方案综合评价系统的设计中,要将真正具有效应的信息资源进行集成,使信息资源综合效能不断提高。

7.2　功能需求分析

装备保障方案综合评价系统的总体功能是对待评价的保障方案进行从定性到定量的分析,然后对分析得到的意见进行汇总和综合集成,形成统一的意见建议。为此要求以研讨专家为主体,以数据库、模型库、知识库、方法库和研讨案例、保障方案库为支撑,实现装备保障方案评价研讨实时信息的收集、查询、统计分析和上传下达,保障方案保障效果的仿真和预测分析,国内外装备保障方案评价研讨典型案例的提供与分析,辅助拟制装备保障方案等功能。

1. 信息的收集、统计分析、显示和传输

装备保障方案综合评价研讨过程中,要能提供评价研讨所需的作战任务背景、装备需求量、弹药、器材消耗量、人员配置、部队部署等信息以及在整个研讨过程中所产生的专家发言、研讨方式等各种及信息。因此,装备保障方案综合评价系统应该支持信息的动态收集,并能进行有关信息的快速查询和检索,能灵活运用模型与方法对研讨信息进行加工、汇总、统计分析,并能利用计算机把查询检索和分析结果反映出来,显示结果可以是屏幕显示、报表输出或图像输出等形式。

此外,还应支持信息的传输功能,通过内部接口和网络接口,实时、动态地对研讨信息进行传递,实现研讨与协作,不仅能从一个成员向其他成员提供相关信息,还能提供对信息的说明和解释。

2. 资源数据的查询、检索和调用

系统应能提供丰富的评价资源,这些资源应该封装在资源数据库中,具有方便的查询、检索和调用机制,为专家进行研讨提供决策支持。研讨专家在研讨过程中通过访问相关数据库,实现对保障顶层原则、军事知识、评价模型、定性定量分析工具、装备基础数据以及研讨案例等资源的调用。

3. 对研讨过程的管理和控制

装备保障方案评价的研讨过程是一个复杂的过程,因此必须提供相应的管理功能,对研讨过程中的研讨专家的权限(批准加入系统、浏览/添加/修改/删除用户)、收集的评价资源、研讨的审批、研讨的进行、研讨的状态以及研讨过程中产生的信息等进行有效的管理,从而保证研讨工作的顺利进行。

4. 专家之间的交互

专家之间的交互是实现研讨与协作必须的方式。实现专家的交互需要系统提供一个研讨支撑环境,在支撑环境中组织研讨专家进行研讨,专家之间可以通过音视频系统进行通信交流,可以通过文字聊天及电子邮件交流观点,也可以通过电子白板进行图形图像的交互。

此外,系统还应提供和支持各种研讨方法和研讨方式。例如,提供流程定义手段、提供各种系统工程分析方法的模板和一些对应的模型算法、提供问卷生成器、支持研讨协作、研讨对抗或在线决策、离线决策等多种研讨决策方式。

5. 仿真模拟试验的结论获取

装备保障方案评价的研讨需要提供仿真模拟功能的调用,通过对保障方案各要素的模拟,进行研讨结果的正确性和有效性的验证。系统支持推理/仿真/智能决策,具有模型库、知识库、数据库、文档库四类基本的资源库及其管理系统。模型支持定量分析,知识支持定性分析,数据库存放资源管理信息、模型运行所需数据等、文档库存放会议资料及各种文档。

6. 意见综合

装备保障方案评价研讨需要提供意见综合方法,利用群体一致性算法对评价意见进行分析,得出大多数专家认可的研讨结果。

7.3 装备保障方案综合评价系统的总体结构设计

7.3.1 体系结构设计

装备保障方案综合评价系统按其设计原则,可分为硬件层、数据层、综合研讨层(客户端)三个层次,如图 7-1 所示。

图 7-1 装备保障方案综合评价系统的体系逻辑结构

硬件层主要是实施装备保障方案综合研讨评价功能的基础设施设备,包括研讨的场地、研讨的会议系统、局域网、服务器以及投影矩阵等。

数据层主要是支持装备保障方案评价的各种信息资料,包括装备保障方案库、研讨流程库、数据信息库、专家库、指标体系数据库等。

综合研讨层(客户端)主要是支持专家进行实时研讨的基本功能,包括群决策支持功能、研讨流程支持功能和辅助决策支持功能三大块。其中,群决策支持功能主要为专家提供各种决策分析工具,研讨流程支持功能主要支持特定保障方案评价研讨流程的驱动、监控,辅助决策支持功能主要是支持综合研讨评价系统调用的外部分析工具。

7.3.2 软件功能设计

7.3.2.1 功能模块划分

装备保障方案评价综合集成研讨环境由研讨流程管理子系统、群决策支持子系统、辅助决策子系统、数据管理子系统等四个子系统组成,系统模块组成如图 7 - 2 所示,

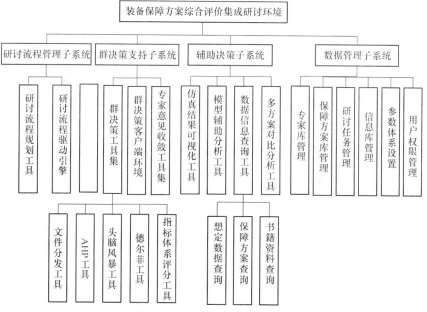

图 7 - 2　装备保障方案综合评价系统模块组成图

（1）研讨流程管理子系统提供图形化的研讨流程的规划、驱动、监控服务。通过研讨流程图把专家、角色、分组、研讨问题、研讨环节、软件工具等要素有机集成在一起,解决研讨过程的有序受控问题。

（2）群决策支持子系统为专家提供多种方式的研讨协作服务,解决研讨过程中的协作交流问题。提供头脑风暴工具、观点聚类工具、德尔菲工具、AHP工具等群决策工具;提供统一对各种群决策工具提供访问接口的群决策客户端环境;为研讨组织者提供专家观点汇聚工具。

（3）辅助决策子系统为专家提供信息、数据、模型、可视化分析等多个方面的决策辅助功能,体现综合集成研讨厅的人机结合思想。

（4）数据管理子系统对系统运行所需的专家库、保障方案库、研讨任务库、信息库、参数体系库、用户权限管理等数据库进行管理维护。

7.3.2.2 功能描述

1. 研讨流程管理子系统

研讨流程管理子系统用于规划和驱动研讨流程。装备保障方案研讨过程是多名专家协作交互的过程,包括多个研讨决策环节,每个环节都需要完成事先规划的研讨活动。通过研讨流程规划,确立研讨的步骤,确立研讨每个环节的参与人员、需要进行的研讨活动、采用的软件工具,形成图形化、形式化的研讨流程描述数据;以流程描述数据为基础,以网络通信的方式,实现对各研讨客户端的流程驱动。

研讨流程管理系统主要提供两个方面的功能,即流程设计和流程控制。流程设计包括流程节点、流程图、流程的形式化表达和流程模板管理:流程节点涉及节点的样式、类型、引用的管理角色、研讨组件等基本属性,还包括条件设置、逻辑运行方式和编辑方式;流程图涉及流程的布局、表示、合理性检验以及流程图之间的引用、复用和组合等;流程的形式化表达涉及流程的表示结构和存储方式;流程模板管理涉及流程模板的增加、删除、修改等内容。流程控制则是流程运行过程中状态保存、逻辑驱动、动态管理、流程显示、用户任务分配以及各研讨组件之间的数据转换等内容。研讨流程管理系统的核心是流程的形式化表示、流程引擎以及任务之间的数据转换。

研讨管理者可以设计研讨流程,研讨流程是研讨步骤（作业步骤）的逻辑化,每个步骤是由一种角色(可以对应多个用户)完成某个特定的任务,这个任务可以是投票、讨论发言、提交文档等。

除了把每个研讨步骤视为一个任务节点外,从逻辑角度来说,系统支持的逻辑节点包括或分支、或汇合、与分支、与汇合、循环节点,为了便于系统驱动,还设计了自动执行节点(用于自动调用相关软件或工具)、路由节点(用于支持流程在推进过程中,由管理员动态设置推进条件)。

研讨流程提交流程引擎后,引擎可以按照设定的逻辑自动运行,例如,发言、分发材料、任务作业等,并负责各研讨组件之间的数据转换,整个过程是自动化的,必要时可以加入人的干涉。

管理员可以设计多个研讨模板,并可选择其中的一个或多个组合作为当前研讨流程。每次研讨完成后,会生成相应的过程和结果,记录在案例库,能够支持研讨案例过程的回放和研究。管理员根据研讨的实际需要,动态设置流程推进过程。

1) 研讨流程规划工具

创建研讨流程模型是研讨流程管理系统的首要任务。装备保障方案研讨问题的复杂性决定了针对该类问题的研讨流程建模的复杂性。首先系统应该能够针对各类异构资源,对问题空间中的专家、决策工具、问题、决策活动、数据等异构的资源进行管理;然后在此基础上,系统应该为管理员提供方便易用的可视化图形建模工具,用来对研讨流程进行描述。鉴于流程逻辑和数据的复杂性,系统应该提供一种简便、易用、直观的操作方式和图形化的流程描述方式,研讨流程规划工具主要解决以下两个方面的问题。

(1) 研讨流程图形化建模。流程组织者可以通过图形化的流程建模工具,采用活动网络图的方式对研讨流程进行可视化建模。系统提供一组用于描述研讨流程活动的基本图元,通过对基本图元进行添加、删除、移动、关联等操作和属性设置,设计生成结构化的数据描述(如数据库结构)的流程模型,并建立流程与特定问题关联的、用于驱动其他系统(如群决策支持系统)、工具或资源运行的研讨流程。

(2) 研讨流程存储与管理。针对不同的问题,可以设计生成各种不同的研讨流程。因此系统以流程库的方式提供了对各种研讨流程的统一存储与管理功能。用户可以对库中的流程进行增加、删除等操作,并可以将具有代表性的流程框架存储为流程模板,使得用户可以基于模板快速构建流程。

2) 研讨流程驱动引擎

研讨流程驱动引擎的主要功能是为流程的解释、驱动、状态控制等提供运行时服务,研讨流程驱动引擎需要提供以下两个方面的功能。

(1) 研讨流程驱动控制。根据用户选定的研讨流程,驱动整个保障方案研讨系统的运行。系统可以对流程进行解释执行,控制流程实例的创建、激活、挂起、终止、完成等动作。并根据任务活动间的逻辑关系,在研讨任务活动之间进行转换,对流程任务的执行状态进行跟踪,系统也可以根据具体情况对流程的执行过程进行人工干预。

(2) 研讨流程监控显示。研讨组织用户可以通过图形化的方式,观看研讨流程执行的进展情况;参与研讨的专家用户也可以实时查看流程的执行情况,以及与自己相关的研讨活动,并按照流程设计指定的任务进行相应的研讨作业。

2. 群决策支持子系统

群决策支持子系统用于为参加研讨的专家提供一套定性与定量相结合的表达意见、交互研讨的软件工具;为研讨的组织者提供一套收集意见、观点汇聚、意见收敛的软件工具。同时,群决策支持子系统为专家用户提供一个资源访问的统一接口环境,用户可以通过这个环境,访问研讨系统提供的数据、信息、模型、流程等各类资源。

1) 群决策客户端环境

系统提供群决策客户端环境,使专家能够通过统一接口访问系统提供的各种资源、服务和工具。群决策客户端环境的功能包括以下几种。

(1) 研讨流程查看。群决策客户端环境应该能够用图形化的方式给出研讨任务的总流程、流程的执行情况,以及与当前用户相关的研讨任务。

(2) 群决策工具调用接口。提供对各种群决策工具的调用接口。

(3) 群决策结果显示。对于需要使用群决策工具收集意见,由研讨组织者以进行意见收敛归并的研讨活动,系统应该能够把结果反馈到群决策环境,提供给研讨专家查看。

(4) 资源访问接口。提供对数据信息查询、仿真运行结果、模型辅助分析等辅助决策资源的访问接口。

2）群决策工具集

群决策工具集是一组具有规范接口、可扩充的软件工具，提供给研讨专家使用，用于发表意见、交互观点。包括头脑风暴（Brainstorming）工具、AHP 工具、专家投票工具、调查表工具、文件分发工具等。

尽管群决策工具集可以看作群决策工具的集合，但要实现各个群决策工具与装备保障方案研讨系统其它模块的有机结合，必须在各个群决策工具之上实现对群决策工具的有效统一管理，以便将群决策工具集构建为一个开放式工具空间。

3）专家意见收敛工具集

专家意见收敛工具集提供给研讨组织者使用。用于对参与研讨的专家意见、群决策结果进行收敛综合。包括观点聚类工具、层次分析综合工具、专家投票综合工具、调查表综合工具等。

对于不同的群决策任务，研讨专家给出的决策结果形式也不一样，尤其是定性的决策结果，很难进行结果综合，这就需要研讨组织者依据自己的知识和经验，参照群决策系统提供的各种决策资源，如历史活动使用的方法、模板及数据等，综合各领域专家的决策结果而形成群决策结果。对于定量的决策结果，如投票结果，可采用合适的群决策算法和模型自动给出群决策结果。表格形式、图形形式的决策结果可采用人工和算法相结合的方式综合出相应的群决策结果。

3. 辅助决策子系统

辅助决策子系统用于为参加装备保障方案研讨的专家提供信息、数据、模型等多方面的辅助决策支持。充分发挥计算机系统在计算能力和数据存储、处理和检索方面的优势，体现综合集成研讨厅人机结合的思想，为参加研讨的专家提供研讨所需的数据、信息、知识，实现辅助决策。

辅助决策子系统由数据信息查询工具、仿真结果可视化工具、模型辅助分析工具、保障方案对比分析工具组成。

1）数据信息查询工具

装备保障方案数据信息服务子系统用于向参加研讨的专家提供基础数据信息查询服务，对专家的评价和研讨活动提供数据信息支持。

（1）想定数据查询。对装备保障方案面向的作战想定进行查询。包括作战决心、编制编成、兵力部署、指挥关系、保障力量等内容。

（2）保障方案查询。对作为评价对象的保障方案内容进行查询。随着系统的使用，可以逐渐积累形成保障方案库。

（3）书籍资料信息查询。把装备基本信息、装备使用、装备保障相关的书籍、文章、数据等入库，作为基础信息提供查询、浏览功能。

2）仿真结果可视化工具

借助课题组现有的装备使用任务、保障对象、保障方案等模型，在研讨之前由研讨组织人员准备好模型运行所需的数据，并完成模型运行。在研讨过程中，把模型运行结果利用统计图表、报表、拓扑结构图等多种可视化方式，提供给参加研讨的专家一个可以直接使用模型系统现有成果的方式，用模型的量化计算分析结果来辅助专家进行决策。

3）模型辅助分析工具

根据研讨需要，提供给研讨专家一系列的小型辅助计算模型，直接在研讨过程中随时使用，用于协助专家，明确需要量化计算的评估研讨细节问题。例如，特定类型的装备使用任务和所需保障力量的量化对应关系等。

4）保障方案对比分析工具

由于装备保障方案的组成结构复杂，直接通过人工方式对保障方案进行比较，难以得出直观可用的结论。所以应当在保障方案具有规范的形式化表示方法的基础上，对保障方案的某些特征进行比较。例如，对保障方案的资源消耗量等可以量化的要素进行比较，然后采用雷达图、蜘蛛图、曲线图等统计图表样式，提供对多个装备保障方案的对比分析可视化表现。

4. 数据管理子系统

数据管理子系统提供给研讨组织用户使用。用于在研讨前完成对数据库的管理维护，完成研讨所需数据准备。由研讨任务数据管理、专家库管理、保障方案库管理、参数体系设置、信息库管理等五个模块组成。

（1）研讨任务数据管理。一次研讨即为一个研讨任务。系统应当支持研讨任务的新建、研讨任务和专家分组关联关系的建立、研讨任务的目的输入、研讨任务和保障方案的关联关系建立等功能。

（2）专家库管理。支持对专家基本信息的管理，如姓名、职务、年龄、单位、专业特长等；支持对专家在研讨任务中的角色管理，包括设置专家在研讨中的分组、角色(组长/组员)、意见权重等。

（3）保障方案库管理。对需要进行研讨的装备保障方案,进行形式化表示,并入库存储。用于专家在研讨过程中进行查询分析。

（4）参数体系设置。鉴于装备保障方案的组成结构较为复杂,具有多个层级、多种组成要素。对保障方案的评价也需要考虑资源约束、费效比、保障效果、时间约束等多重评价标准,需要考虑维修保障能力、弹药保障能力、器材保障能力等因素,所以系统应当支持采用图形化的方式,建立和管理具有复杂树状结构的指标体系,并对指标体系的权重进行管理。

（5）信息库管理。对编成、装备基本信息、想定、书籍资料等基础数据进行管理,提供入库、信息的增删改、信息组织方式维护等功能。

7.3.3　硬件结构设计

硬件资源是使用过程装备保障方案综合评价系统的物质基础,一系列的保障方案评价的研讨活动及系统功能的实施都必须依靠硬件资源的支持。硬件设备组成主要包括:智能会议数字系统、多媒体中央控制系统、显示系统、音频扩声系统、用户终端设备、服务器组,可以实现专家讨论发言、同声传译、红外语音分配、远程电话会议、投票表决、摄像跟踪、数据库存储等功能,如图 7 - 3 所示。

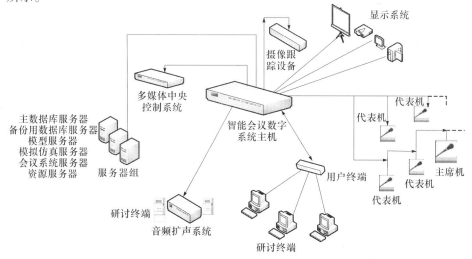

图 7 - 3　装备保障方案综合评价系统硬件构成

1. 智能会议数字系统硬件

主要包括智能数字会议控制主机、智能数字会议扩展主机、发言单元、同声传译单元、红外线语音分配设备、摄像跟踪设备。

2. 多媒体中央控制系统硬件

主要包括中控主机、无线触摸屏、无线接收器、电源控制器。

3. 显示系统硬件

主要包括液晶拼接显示单元(包括拼接处理器)、液晶电视、投影机、视频矩阵、RGB 矩阵、RGB 分配器、监视显示器。

4. 音频扩声系统硬件

主要包括音箱、功放、调音台、均衡器。

5. 用户终端设备

参与保障方案评价的研讨成员均配有终端显示器、计算机与网络相连,用于各种声、像、文字的现实与传送,并配有打印复制设备。

6. 服务器组

包括主数据库服务器、备用数据库服务器、电子邮件服务器、模型服务器、模拟仿真服务器、会议系统服务器及资源服务器等。主数据服务器负责数据的存储管理、安全性管理和完整性管理。备用数据服务器在主数据服务器出现故障或遭到破坏时启用。电子邮件服务器通过连接专用网络,实现信息资源的传送、接收、存储管理,为研讨成员之间的经验交流、观点对碰提供渠道。模型服务器为装备保障方案评价提供研讨流程模型、评价方法模型、仿真模型,实现模型的远程跨平台调用、模型的集成和重用以及模型的动态组合。模拟仿真服务器可用于对装备保障方案评价进行预测、分析和评估,也可以对装备保障方案评价结果进行模拟验证。会议系统服务器控制装备保障方案评价的研讨进程、实现研讨过程中与其他服务器的信息交互。资源服务器为研讨成员在装备保障方案评价过程中调用系统中的资源提供响应。

7.4 装备保障方案综合评价系统的界面设计

7.4.1 研讨流程界面

在研讨流程执行过程中,流程监控工具和群决策客户端环境所看到的流程执行状态,用不同颜色区分流程活动的不同执行状态,如图 7 – 4 所示。

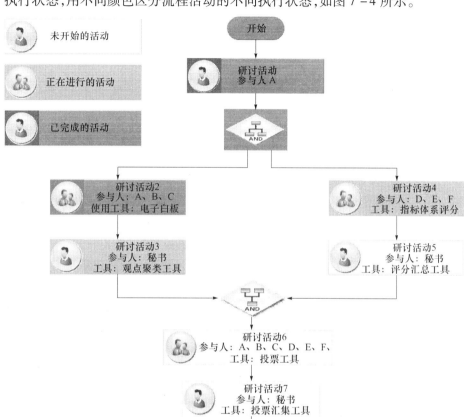

图 7 – 4 研讨流程界面

7.4.2 流程规划工具界面

提供流程建模基本图元,以拖拽的方式形成流程图,明确研讨活动间的逻辑关系。支持流程图和流程数据的新建、打开、保存和模板库的管理,如图 7 – 5 所示。

7.4.3 群决策客户端

群决策客户端主要完成三个方面的功能:一是为专家提供资源综合集成的访问接口,资源包括数据、信息、模型、流程等;二是为专家提供流程的查看、研

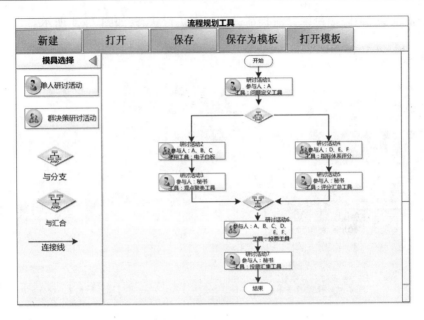

图 7 - 5　流程规划工具界面

讨实时状态信息获取的接口;三是为专家提供群决策工具调用的接口,群决策客户端界面如图 7 - 6 所示。

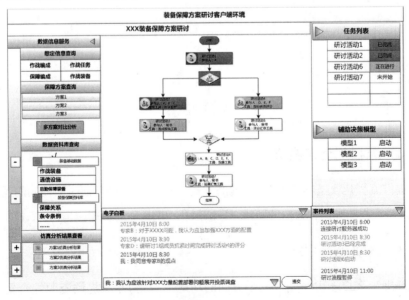

图 7 - 6　群决策客户端界面

7.4.4　流程驱动引擎

流程驱动引擎主要功能:一是研讨流程驱动控制;二是研讨流程监控显示。通过图形化的方式,展示研讨流程执行的进展情况,如图 7 - 7 所示。

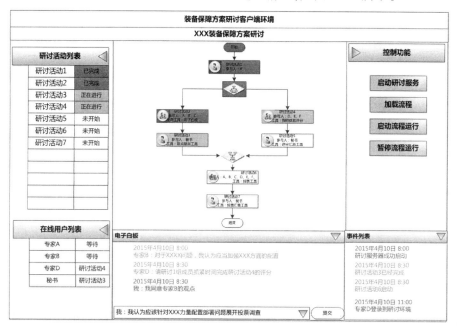

图 7 - 7　流程驱动引擎界面

参 考 文 献

［1］张柳,杨英杰,陈字奇.装备保障方案综合评价方法研究.国防科技报告,石家庄:军械工程学院,
2015,11.

［2］付勃.陆军战术级装备保障方案评价研究.石家庄:军械工程学院,2014,12.

［3］绳慧.使用过程装备保障方案综合评价系统关键技术研究.石家庄:军械工程学院,2011,12.

［4］盛飞.面向保障方案评价的综合研讨环境的设计.石家庄:军械工程学院,2010,4.

内 容 简 介

本书是论述装备作战单元保障方案综合评估方法的专著,以装备作战单元为研究对象,在分析装备作战单元保障方案评价问题域的基础上,构建了面向完整性、合理性和有效性目标的评价参数体系,建立了基于德尔斐法和小组会议法的完整性评价方法、基于模糊评价方法的合理性评价方法、基于仿真的有效性评价方法,以及保障方案综合评价的概念模型与系统设计,为开展保障方案的评价工作提供了方法手段。

本书既可作为装备保障工程领域研究生学习教材使用,还可以为从事装备保障工程理论与技术的研究人员和工程实践人员提供进一步深入研究的基础材料。